阅读成就思想……

Read to Achieve

治愈系心理学系列

远离
高冲突关系

别让这五种人格毁了你的人生

［美］比尔·埃迪（Bill Eddy）◎著
段鑫星 孟海清 李双 ◎译

5 Types of People Who Can
RUIN
Your Life

Identifying and Dealing with Narcissists,
Sociopaths, and Other High-Conflict Personalities

中国人民大学出版社
·北京·

图书在版编目（CIP）数据

远离高冲突关系：别让这五种人格毁了你的人生 / （美）比尔·埃迪（Bill Eddy）著；段鑫星，孟海清，李双译. -- 北京：中国人民大学出版社，2022.11
书名原文: 5 Types of People Who Can Ruin Your Life: Identifying and Dealing with Narcissists, Sociopaths, and Other High-Conflict Personalities
ISBN 978-7-300-30914-9

Ⅰ. ①远… Ⅱ. ①比… ②段… ③孟… ④李… Ⅲ. ①人格心理学 Ⅳ. ①B84

中国版本图书馆CIP数据核字(2022)第183658号

远离高冲突关系：别让这五种人格毁了你的人生
［美］比尔·埃迪（Bill Eddy） 著
段鑫星　孟海清　李双　译
Yuanli Gaochongtu Guanxi: Bierang Zhe Wu Zhong Renge Huile Nide Rensheng

出版发行	中国人民大学出版社		
社　　址	北京中关村大街31号	邮政编码	100080
电　　话	010-62511242（总编室）	010-62511770（质管部）	
	010-82501766（邮购部）	010-62514148（门市部）	
	010-62515195（发行公司）	010-62515275（盗版举报）	
网　　址	http://www.crup.com.cn		
经　　销	新华书店		
印　　刷	天津中印联印务有限公司		
规　　格	148mm×210mm　32开本	版　次	2022年11月第1版
印　　张	7　插页1	印　次	2022年11月第1次印刷
字　　数	140 000	定　价	59.00元

版权所有　　侵权必究　　印装差错　　负责调换

译者序 | The Translator's Words

识别高冲突人格，远离"有毒"关系

在日常生活中，你是否过有这样的经验：

- 你明明是一片好心，却被当成了驴肝肺；
- 你一直掏心掏肺，却不停地被使绊设卡；
- 你与他好好说话，却被批评、指责和怀疑；
- 爱恨一念间，这个人一会儿与你亲密无间，一会儿又变得冷若冰霜，常常令你不知所措；
- 恶人先告状；
- 超过你认知范围的人：说谎、毫无道德底线、尖酸刻薄、冷酷无情、良知泯灭……

在职场、家庭、日常交往中，我们可能都会被上述这类人的为人处世的方式惊掉下巴。我们会不由自主地陷入自我怀疑与自我否定中：我们做错了什么，招惹到他们这样对我？如果你静心地读完这本书，你就会发现：在人群中，总有那么一些人，我们称之为高冲突人格者，他们无法让世界正常而安稳地运转，总会惹事生非，责备他

人，总觉得全世界都亏欠他们。

本书可以称之为人生行走的避险手册，教会我们用直观、简单的方式辨识他们。如果你身边有人符合下面这四条特征，那么90%可以确定，你正在与高冲突人格者不期而遇：

- 单一、极端的思维方式；
- 强烈、难以控制的情绪；
- 极端行为或威胁行为；
- 一味地指责他人。

并且他们身上都具备人格障碍的以下三个主要特征。

1. 缺乏良好的人际关系。他们无法与他人建立长久稳定的人际联结，经常攻击他人、疏远他人、报复他人或表露出极端的愤怒。

2. 缺乏自我反思能力与社会技能。他们只有制造麻烦的能力，没有解决问题的能力，无法从自我视角反思并且成长。

3. 缺乏改变的动力与能力。他们固执己见、偏执执拗、自以为是且完全不想改变。

如果你遇到这样的人，你唯一要做的就是赶快安全撤离、全身而退，而不是寻找答案，甚至是与此人纠缠。

另外，本书还介绍了五种常见的高冲突人格。

1. 自恋型高冲突人格。自恋型高冲突人格者自带主角光环，常见的有浮夸型自恋（炫富）与虚弱性自恋（示弱）。他们自我感觉超好，缺乏共情能力，认为自己天生优越，会不自觉地羞辱、折磨并误导其指责对象，在亲密关系中会有情感操控行为。

2. **边缘型高冲突人格**。边缘型高冲突人格者往往是冰火两重天，爱恨一瞬间，翻手为云覆手为雨，最初的暖意会在倾刻间降至冰点。他们喜怒无常，甚至会恶意攻击他人，比如暴力行为、谩骂、法律诉讼或试图损坏对方的名誉。

3. **反社会型高冲突人格**。反社会型高冲突人格者是不可逆的。他们表面上极具魅力——冷静自律、优秀成功，但实则冷酷无情，良知泯灭，全无共情能力，他们谎言成篇、偷窃、公开羞辱伤害他人，甚至杀人不眨眼。

4. **偏执型高冲突人格**。偏执型高冲突人格者活在猜忌之中，他们不相信任何人甚至包括他们自己。他们敏感多疑，时常担心"总有小人想害朕"，于是先发制人。

5. **表演型高冲突人格**。表演型高冲突人格者表面上永远是有吸引力的。他们生活在聚光灯下，个性和思维很活跃，喜形于色，感情浅薄且浮夸，很会编一些荒诞和极端（有时毫无科学依据）的故事。在他们迷人的外表下往往藏着一颗将他人搞崩溃的心。

本书作者还分别介绍了五种高冲突人格类型的特点、行为模式、识别策略及相处模式，并从真实鲜活的案例入手，列举了具有代表意义的五种高冲突人格的真实生活场景，为读者总结了有效应对高冲突人格的方法，具有很强的带入感。

首先，作者为我们介绍了具有实操性的 WEB 策略。

话语识别（words）。从言语信息中识别，比如 90% 的人不会情浅言深。如果一个人第一次见面就对你表达出超乎寻常的热心，那么你就要加以注意了；如果他们还经常使用指责的话语，那么你多半是遇到高冲突人格者了。

情绪识别（emotions）。高冲突人格者缺乏稳定的情绪表达而且瞬间会变得热情与冰冷交替。你可以从他们暴躁甚至无法遏制的情绪中可以判断此人是高冲突人格者。

行为识别（behavior）。表演型高冲突人格者浮夸的行为、自恋型高冲突人格者莫名其妙的自我优越感、偏执型高冲突人格者的过分猜忌、边缘型高冲突人格者的一半是火焰一半是海水，以及反社会型人格者的冷酷、冷静、冷漠都是有迹可循的。

其次，作者给出的与五种高冲突人格沟通的 CARS 策略（沟通、分析、回应、设定界线）也极其实用。

沟通（connecting）。带着尊重与共情与高冲突人格者进行谈话，尽量用中性的语言沟通，不能给出具体的建议，避免被双方抓住把柄而将你视为指责对象。

分析（analyzing）。不带偏见地给出至少两种可选择的分析。记住：不能为他们提供具体的建议，只能提供选择。

回应（responding）。特别是对虚假信息与敌意做出简单并且清晰明了的回应。

界限设定（set limits）。如果你与这五种高冲突人格者已经建立了联结，那么可以通过约法三章来规范他们的行为，同时不要激惹他们。

再次，作者给出了与高冲突人格者相处时使用的话术如 EAR、BIFF 等。

EAR 指的是谈话的话术——从共情、关心、尊重开始。

- 共情（empathy）。例如："我知道这是一个令人沮丧的情况。"
- 关心（attention）。例如："请跟我多介绍一些情况，我想从你的角度去看待正在发生的事情。"
- 尊重（respect）。例如："对于您为解决这个问题所做出的努力，我深表敬意。"

BIFF 指的是回应中运用的内容简洁、信息充分、友好而坚定的话术。

- 内容简洁（brief）。例如："你讲的我听明白了。"
- 信息充分（informative）。指对高冲突人格者讲的故事信息化，进一步强化基本事实。
- 友好（friendly）。友好的态度非常重要，否则你一旦激怒了高冲突人格者，可能会让你引火烧身，不可收拾。
- 坚定（firm）。友好而坚定的态度在回应高冲突人格者的问题时是至关重要的。

本书作者比尔·埃迪 30 年来一直在从多个角度研究高冲突人格。首先，埃迪发现了高冲突人群的行为模式以及他们是如何对待其指责对象的；其次，埃迪还介绍了如何识别高冲突人格者、如何与他们相处，如何避免成为他们的同伙以及如何应对他们的同伙；最后，埃迪还给出了高冲突人格者 40 个可预测的行为模式，可以帮助我们及早准确地识别身边的高冲突人格。更重要的是，这些可以帮助我们发现高冲突人格者的早期警示信号，以便尽早避免一些不必要的冲突。

感谢翻译团队的所有伙伴，他们是孟海清、李双、谢幸福、吕凯淇、刘菀毓、张亚琼、姜文惠。在此，也感谢司莹雪提出的建设性建议。

感谢中国人民大学出版社的郭咏雪、张亚捷、王欢给予专业的指导意见！

这是一本让我们人生有效避险的防身必备书。期待更多的人能够与此书相遇，有效避险，幸福生活！

谨以此书，献给那些正在饱受高冲突人格带来家庭冲突、工作矛盾的来访者，以及有高冲突人格并且主动寻求帮助的读者。

目 录 | Contents

第1章 你身边的"有毒"关系

如今你能相信谁　6
什么是人格障碍　9
你为什么要相信我　11

第2章 关于"有毒"关系的警示信号和90%定律

高冲突人格者的历史行为　20
90%定律　21
WEB策略　23
如何与高冲突人格者打交道　25

第3章 避免成为出气筒

关于高冲突人格，你需要了解的四件事情　30
为什么选择现在做这件事情　31
为什么事情会这样发展　36
一些共情的话　37

第 4 章　自恋型人格：我太优秀了，而你却一无是处

关于自恋型高冲突人格的基本常识　42

自恋型高冲突人格者的两种类型　44

如何识别自恋型高冲突人格者　48

如何避开自恋型高冲突人格者　51

如何与自恋型高冲突人格者打交道　52

如何摆脱自恋型高冲突人格者　56

结语　58

第 5 章　边缘型人格：爱恨就在一念间

关于边缘型高冲突人格障碍的基本常识　64

边缘型高冲突人格者的两种类型　66

如何识别边缘型高冲突人格者　68

如何避开边缘型高冲突人格者　73

如何与边缘型高冲突人格者打交道　76

如何摆脱边缘型高冲突人格者　78

结语　80

第 6 章　反社会型人格：冷酷的骗子

关于反社会型高冲突人格的基本常识　84

反社会型高冲突人格者的两种类型　86

如何识别反社会型高冲突人格者　92

如何避开反社会型高冲突人格者　97

如何与反社会型高冲突人格者打交道　99

如何摆脱反社会型高冲突人格者　102

　　　　结语　　103

第7章　偏执型人格：疑心重重

　　　　关于偏执型高冲突人格的基本常识　　108
　　　　偏执型高冲突人格者的两种类型　　109
　　　　如何识别偏执型高冲突人格者　　118
　　　　如何避开偏执型高冲突人格者　　121
　　　　如何与偏执型高冲突人格者打交道　　122
　　　　如何摆脱偏执型高冲突人格者　　125
　　　　结语　　126

第8章　表演型人格：戏剧性的表达

　　　　关于表演型高冲突人格的基本常识　　130
　　　　表演型高冲突人格者的两种类型　　132
　　　　如何识别表演型高冲突人格者　　139
　　　　如何避开表演型高冲突人格者　　141
　　　　如何与表演型高冲突人格者打交道　　142
　　　　如何摆脱表演型高冲突人格者　　144
　　　　结语　　145

第9章　高冲突人格者的同伙——可能会伤害你的人

　　　　如何应对高冲突人格者的同伙　　150
　　　　如何识别高冲突人格者的同伙　　158
　　　　如何与高冲突人格者的同伙打交道　　160
　　　　不要成为高冲突人格者的同伙　　161

结语　162

第10章　不明真相的人该如何寻求帮助

如何寻求帮助　166

高冲突状况的三种可能性　174

结语　176

第11章　为什么会有那么多的高冲突人格者

左右脑和高冲突人格的关系　182

左右脑的协作　183

高冲突人格形成的因素　185

文化对高冲突人格的影响　188

结语　191

第12章　识别高冲突人格的重要武器：人格识别技能

高冲突人格者和非高冲突人格者的本质区别　195

五种高冲突人格者的模式　197

人格识别技能　197

如何回避和应对高冲突人格者　201

自我意识　202

结语　202

附　录　高冲突人格者的40种可预测行为模式

第 1 章

你身边的"有毒"关系

珍一直很喜欢电视节目的幕后制作工作，小时候她就梦想长大后能去一家大型电视台工作。大学期间，她在大城市的电视台实习。实习结束后，她要求观摩一档收视率最高的电视节目的录制工作，想借此机会争取一份电视台的工作。节目录制结束后，主持人杰森注意到了珍并邀请她留下来参与节目讨论。

杰森是个魅力四射的男人，两人就当前的媒体行业发展趋势以及电视业的发展前景展开了热烈的讨论。杰森似乎被珍的专业能力吸引了，珍希望杰森能够帮她引荐一下工作。讨论结束后，杰森对珍的专业能力非常认可，并热情地拥抱了她。不一会儿，杰森给珍发消息，邀请她下班后一起喝一杯。

杰森轻浮的态度让珍感觉有点不舒服，她不确定该不该去赴约。经过深思熟虑，她给杰森回了一条短信，告诉他可以以普通朋友的身份见面，也提到了希望他能帮自己推荐一下电视台的工作。

杰森回短信说他对普通友谊不感兴趣，也不想被利用帮别人找工作……收到信息，珍深感错愕与惊讶，她没有想到他居然这么轻易地指责她。于是，她拒绝了他的约会邀请。她叹了口气，实习期间愉快的专业讨论早已烟消云散。

三年后，珍得知杰森因性侵六名女同事而遭逮捕。

* * *

汤姆深爱着卡拉，爱得无法自拔。卡拉是派对"女王"，她仿佛有一种魔法能够把汤姆从默默无闻的平凡生活中解放出来。经过热烈的求婚之后，在卡拉的要求下，他们在两个月内闪婚了！虽然闪婚让汤姆有些恍惚，但他对此也算心满意足。

但结婚三年后，卡拉通过捏造事实获得了法院签发的无条件的保护令，把汤姆赶出了家门。对汤姆而言，随之而来的还有长达七年的争夺女儿抚养权的官司。让汤姆震惊的是，卡拉不断编造事实污蔑他，这些说法乍一听还很有说服力，而且几乎所有人都轻易地相信了她。

* * *

保罗 19 岁时抢劫了一家便利店，只劫走了 350 美元。三天后，警方将其逮捕，判为持械抢劫罪。在监狱服刑的那几年，他努力改过自新，获得了高中同等学历证书（GED），还主动辅导其他囚犯。

出狱后，他加入了一个教会，教会的教友都很喜欢他，他也为教友做了许多好事。然而，没过多久，他就召集教会所有的教友，告诉他们自己的一位表亲因为房屋失火而无家可归，需要大家集体捐款帮他重建房屋。他还把失火房屋的残骸照片发给大家。很快教友就分成了两派，一派相信保罗并为他辩护，另一派认为他这次还会像过去那样欺骗他们。在一次开会时，教会的两派教友吵得不可开交，一些教友威胁说，如果保罗被下令离开教会的话，他们也会离开——不过最终保罗还是离开了教会。

最后，一位记者发现，那些触目惊心的房屋火灾照片纯属保罗偷梁换柱。一些教会的教友难以接受这个现实并离开了教会，过了很长时间，这场风波才得以平息。

* * *

新员工莫妮卡让乔很欣喜。莫妮卡对数字非常敏锐，综合素质也很出众，他们还是同乡。在某些方面，她好得令人难以置信。

然而不到一年，莫妮卡就投诉了很多次，包括被同事骚扰、被客户跟踪、收到可疑的电子邮件等，她还声称乔想毁掉她的事业，后来事实证明都是空穴来风。

乔没办法，只好解雇了她。随后莫妮卡起诉了该公司，特别指控乔歧视她。毫无悬念，她输了官司，但乔却因诉讼压力太大而患上了胃病，不得不请假修养。后来因为身体原因，他决定辞去部门经理一职，重新做回了客户销售代表，但是薪水低了很多，他也因此患上了抑郁症，并在医生的建议下，开始服用抗抑郁药物。

* * *

父亲葬礼后的第二天，艾米的母亲纳丁很愤怒地指着艾米大叫："是你害死了你爸！大家都蒙在鼓里，但我清楚得很。"说着说着，纳丁突然抽泣起来，继续对艾米大吼道："他只是想让你进入家族企业，但是你这个自私的人——却为了自己愚蠢的事业而令他伤心。你明明知道，没有你他就活不下去。"

早在一周前，当艾米得知父亲心脏病发作时，就飞回了家。但由于她晚到医院几个小时，没能见上父亲最后一面，她赶到医院时只有母亲陪伴在已故父亲的身旁。

纳丁对任何事情的反应都很戏剧化，后来那天晚上，她又突然哭了起来："我现在该怎么办？"然后，她倒在艾米怀里抽泣着说，"你会照顾我的，对吗？不会像抛弃你爸爸那样抛弃我，对吗？"

如今你能相信谁

可能你认为自己从未遇到过我所描述的这些类型的人，但请相信我，未来你一定会遇到。只是现在你还没有被高冲突人格者当成出气筒罢了。

以下这些都是典型案例，向你展示了在日常生活中，任何人都可能会被某个高冲突人格者打扰。你的暗恋对象、老板、员工、组织成员，甚至亲戚朋友都可能具有高冲突人格。在本书中介绍一些具体案例，帮助大家了解如何尽早识别并避开这些人，如果你是高冲突人格者，该如何管理自己。如果你意识到自己具备某些高冲突人格特征，那么也不要担心，我们会进一步探讨如何帮助你走出生活的泥沼。

你会轻易地相信这些人吗？比如：你的暗恋对象、公司新员工、投资顾问、某个保险推销员、新上任的帅气领导或者某些的政界候选人……很多时候，你必须根据很少量的、片面的信息在几秒钟内就做出决定。

这时，好消息是：你可以相信80% ~ 90%的人，因为大多数人都会遵守社会规则，维持组织和谐运行。

但我要告诉你的坏消息是：有五种人格类型的人可能会让你的生活一团糟，他们会毁掉你的名誉、伤害你的自尊抑或是妨碍你的事业，也可能会让你负债累累、心神不宁、影响你的身心健康与事业发展。如果你让他们有机可乘，甚至会导致你家破人亡。

这五种人格类型的人约占人类总数的 10%，也就是说，每十个人中就有一个人如此。在北美，这一群体的人数超过了 3500 万。很有可能有一天你会成为他们的受害者，所以很有必要阅读这本书。

这五种人格类型中的每一类人都会有极端行为，我们统称为高冲突人格者。正常人通常试图化解冲突，而高冲突人格者则是无端地制造冲突。事情发生时他们通常把主要精力放在指责别人上，通过口头上、情感上、经济上、名誉上、诉讼上对指责对象进行无情的攻击，有时甚至是持续数月或数年的暴力袭击，即便因为一点微不足道的冲突。他们的指责对象通常是关系亲近的人（家人、朋友、邻居、合作伙伴或同事）或具有权威地位的人（老板、部门经理、警察、政府官员）。然而有些时候，他们的指责对象也可能是任何一个人。

纵观人类历史，高冲突人格者一直都存在。但直到最近几年，我们才开始去了解他们的想法、行为方式以及成因。

大多数高冲突人格者都具有一种或多种高冲突人格。这些严重的，甚至危险的情感障碍，在心理健康专家看来是一种精神疾病。

根据我们开篇时介绍案例的顺序，可能毁掉你生活的人格分别有以下五种。

1. **自恋型高冲突人格**。他们往往一开始魅力四射，自认为高人一等。他们会羞辱、折磨、误导其指责对象，他们缺乏共情能力，过度追求别人对自己的关注。

2. 边缘型高冲突人格。他们通常一开始非常友好，但也会毫无征兆地暴怒。当这种转变发生时，他们可能会因为他人微不足道的或毫无根据的轻视而报复甚至是恶意攻击别人，比如使用暴力行为、谩骂、法律诉讼或试图毁坏对方的名誉。

3. 反社会型高冲突人格。他们可能极具魅力，会通过谎言、偷窃、公开羞辱他人、虐待他人，甚至在极端情况下谋杀他人来掩盖想要支配他人的动机。反社会型人格者冷酷无情，良知泯灭。

4. 偏执型高冲突人格。他们非常多疑，时常害怕他人背叛自己。他们有被迫害妄想症，会先发制人攻击别人，希望自己占据上风。

5. 表演型高冲突人格。他们的个性和思维很活跃，喜形于色。经常讲述一些荒诞和极端（有时毫无科学依据）的故事来表现自己。随着时间的推移，他们可能会对周围的人，尤其是他们的指责对象，造成非常大的伤害和情感上的消耗。

并非每个有人格障碍的人都是高冲突人格者，因为并非所有人格障碍的人都会找指责对象进行攻击。他们中的许多人只是像生活中的受害者一样，感觉无助但并不会苛责任何人。他们中的一些人能够自我克制，或者将自己的行为（通过心理治疗或药物治疗）控制在可接受的范围内；另一些人则会做出一些随机的破坏性行为，比如在大街上砸碎别人的车窗等。

一些人既有高冲突人格（有指责对象的人），又有人格障碍（不自我反省也不试图改变自己的人），这种人会毁掉你的生活。这种组合的人就是我们接下来即将共同探讨的主要对象。

什么是人格障碍

本书中解释了五种与高冲突人格相关的人格障碍。是否所有患有人格障碍的人都伴有危险的人格模式？不，要视情况而定。根据《精神障碍诊断与统计手册（第五版）》（*Diagnostic and Statistical Manual*，DSM–5），DSM–5 中列出了 10 种不同的人格障碍，它们似乎都有以下三个共同的关键特征。

人际关系障碍。他们在人际关系中状况频发，通常表现为攻击他人、疏远他人、报复他人或对他人表露出极端的愤怒。

缺乏社会自我意识。他们不了解自己与他人产生矛盾的根源，看不到自己的问题，他们也意识不到其实大多数问题都是由他们自己造成的。

缺乏改变。他们固执己见，很难改变自己的想法，无论他们的决定会给他人或自己带来多大的麻烦，他们从不改变；相反，如果有人建议他们改变，他们不但会为自己辩护，而且还会生气。他们中的极少数人会承诺想要改变，但通常他们承诺后就忘了，并不会真的行动；他们中少之又少的人真的非常努力去改变并实现了；大多数人都认为他们自身没有问题，因此根本不会做出任何改变。他们误认为所有问题都是自然而然地发生在他们身上的。他们对此表示无能为力，并且他们会习惯性地把自己当成是生活中的受害者。

DSM–5 表明，我们的社会中有约 15% 的人有人格障碍。虽然大多数人没有去诊断过，但是随着时间的推移，周围的人可能会意识到他们有问题。

从我的工作经验（心理咨询师、律师和调解员的实践经验）来看，某些人格障碍者并没有指责对象，他们不会陷入与他人的激烈冲突中，他们只是感到无助。此外，尽管一些有高冲突人格者具有其中的某些特征，但并没有发展成真正的人格障碍。他们可能不那么难搞（没有那么强烈的愤怒或操纵欲），也更愿意放过他们的指责对象（能在几天或几周之内想明白，而不是要经过几个月或几年后才想通）。

但我们所关心的占比 10% 的人，有人格障碍且有指责对象。这些人喜欢一味地去指责他人，不轻易放手，也无法让自己停下来，并且从不改变自己的行为，因此可能会毁掉自己和身边人的生活。

人格障碍和高冲突人格之间的关系如图 1–1 所示。

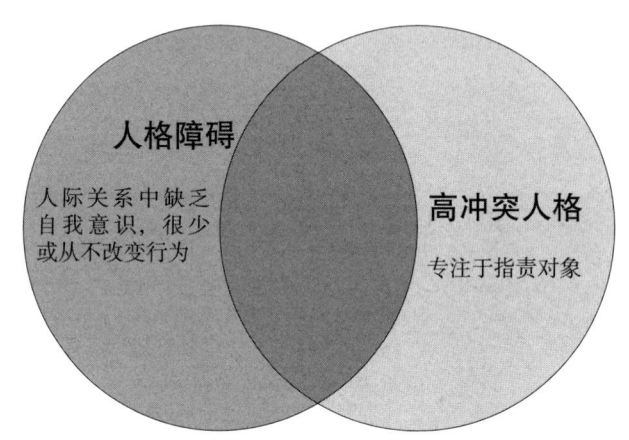

图 1–1　人格障碍与高冲突人格之间的关系图

如果在你认识的人中确实有人落在了图 1–1 所示的重叠区域，你要对他们加以识别并规避，在必要时要与他们断绝联系，这样会给你自己节省大量不必要的麻烦和痛苦，甚至可以挽救你的名誉、维持你理智和正常的生活。

你为什么要相信我

我一直喜欢帮助人们解决冲突。我是一名心理咨询师、律师、调解员，也是圣地亚哥高冲突研究所（High Conflict Institute，HCI）的联合创始人和主席。过去30年里，我一直从多个角度研究高冲突人格。我比大多数人看到的视角更广，大多数人只是从个人或职业的角度看问题。正因为如此，我发现了高冲突人格者的行为模式以及他们对待其指责对象的模式是可预测的。迄今为止，很少有人了解这些模式。因此，我创建了一个培训师团队，定期向世界各地的专业人士和其他人讲授本书的知识内容以及更多关于高冲突人格的相关知识。这本书旨在保护大家的健康、心智、财富、名誉、家庭和生命，免受来自这五种高冲突人群的伤害。

在接下来的几章中，我们将学习如何在短时间内快速识别出高冲突人格的常见模式，及早发现一些预警信号，从而知道该如何避免或者如何处理和他们的关系。

接下来，就让我们开始这段学习旅程吧。

第 2 章

关于"有毒"关系的警示信号和 90% 定律

一旦了解了这些预警信号，我们就会惊奇地发现，高冲突人格障碍者可以被识别。由于高冲突人格可能会带来一些比较危险的行为，所以了解这些基本知识，对每个人来说都显得格外重要。这些基本知识并不复杂，它能教会我们如何识别高冲突人格者。

与大多数人相比，高冲突人格者在思维、感知和行为模式方面都更加狭隘。这也意味着，高冲突人格者在大多数情况下行为比较固执，他们的行为比一般人更容易被预测，也更容易被用作识别高冲突人格的方法。

关于高冲突人格者，最重要也是最容易识别的一点是：他们从来不去努力减少或解决问题，尽管他们经常告诉别人自己尽力了。高冲突人格者的行为模式之一是——他们会增加冲突而不是尝试化解冲突，这是值得我们去留意的预警信号。有时，冲突会突然升级（伴随着尖叫、逃跑、暴力等），有时冲突会持续数月甚至数年，同时还可能会把更多人卷入到冲突中，这些信号都需要我们去留意。

我们必须明白，对于那些高冲突人格者来说，引发冲突的真正原因并不是问题本身而是他们自己的高冲突行为模式。

以下是高冲突行为模式的四个主要特征：

- 单一、极端的思维方式；
- 强烈、难以控制的情绪；
- 极端的行为或威胁行为；
- 一味地指责他人。

单一、极端的思维方式。高冲突人格者倾向于用单一、极端的方法来看待冲突（即每个人都要听他们的）。他们不（也许不能）分析具体情况，不听取不同的观点，也不去寻找其他的解决方案。妥协、折中或灵活地解决对他们来说冲突似乎很难。高冲突人格者通常认为，如果事情没有按照他们想要的方式进展，或者其他人没有按照他们想要的方式处理事情或做出反应，那么他们就会遭殃，并因此想到最坏的后果，如死亡、灾难、毁灭，等等。如果他们的朋友在一个小问题上有分歧，他们也会马上翻脸，这就是典型的单一、极端的思维方式。

强烈、难以控制的情绪。高冲突人格者表达自己的观点时非常情绪化。他们突然爆发出的强烈的恐惧、悲伤、尖叫或其他失礼行为，因而常常吓到别人。他们情绪反应异常，当下的情绪反应与正在发生的事情或正在讨论的事情并不匹配，而且他们似乎常常无法控制自己的情绪。事后，他们可能会后悔自己情绪失控，或者他们仍然坚持己见，并认为你也应该像他们那样去理解问题。

一些高冲突人格者不断地被自己的情绪反应困扰着，但他们不会表现出来。相反，他们急于为自己过去的行为辩解并指责他人。这时，他们可能看起来非常理性，但是他们围绕的主题全部都是关于过去的，全部都是别人如何不公平地对待他们，他们如何在生活中被别人伤害，等等。如果对方愿意听下去，他们就会一直抱怨，但焦点全部放在过去，而不是现在和未来。

极端的行为或威胁行为。一些高冲突人格者经常出现极端负面的行为，这可能包括推搡或殴打他人，并散布一些关于他人的谣言和弥天大谎，或者试图与他人强迫性接触并跟踪他人的一举一动，又或者拒绝和他人有任何联系，哪怕这个人急需要他（高冲突人格者）做出回应。许多极端行为都是由于高冲突人格者的情绪失控所导致的，比如突然摔东西，或者对最在乎的人飙脏话。他们还有一些行为是由控制欲或支配欲驱动的，例如隐藏私人物品、强迫他人与自己交谈，若对方不同意就采取极端的方式对对方进行身体虐待。

也有一些高冲突人格者会通过左右他人的情绪来伤害别人，但在他们这样做的时候，他们会表现出良好的情绪控制能力。他们会以一种隐秘的行为方式来引发对方的愤怒、恐惧、痛苦和困惑。他们可能看起来非常冷静和镇定，但从长远来看，左右他人的情绪会导致他人与他们疏远，最终结果并不能如他们所愿。他们却似乎难以察觉自己的这些行为会对他人造成怎样毁灭性的打击和内心的疲惫感。

一味地指责他人。高冲突人格者最常见、最明显的特征是他们过于频繁地指责他人，尤其是他们亲近的人或权威人士。高冲突人格者经常对他人的所作所为进行攻击、指责、吹毛求疵。与此同时，高冲突人格者却认为自己是清白的，不需要对这个问题承担任何责任。如果你一直被高冲突人格者指责，相信这一点你深有体会。

高冲突人格者往往是"键盘侠"——无论是熟人还是陌生人——因为当他们上网时，他们会感到一种由距离而带来的安全感和权力感。高冲突人格者经常指责陌生人，因为他们不用为此付出代价。

如果你认识的人经常表现出上述的一种或多种危险特征，那么你要当心。如果一个人在生活中经常出现以上四种特征，那么他们很可能是高冲突人格者（有关高冲突人格者的 40 种可预测行为列表，请参阅附录）。

也许你身边已经有一些具备上述特征的人了，如果是这样，那么最重要的是：不管他们的特征看起来多么明显，永远不要告诉他们是高冲突人格者（或者有人格障碍）。他们会把这种说法当作致命的人身攻击，而且会更加理所当然地指责你。在他们看来，就好像你在对他们发出挑衅："请尽你所能地来毁掉我的生活吧。"

出于同样的原因，永远不要抱着某人有高冲突人格的想法，也不要带着这种想法来和他们相处（有关避免成为高冲突人格者指责对象的更多策略，请参阅第 3 章）。

有时，一个蛮不讲理的人或一个近期生活不如意的人，他们的一些行为特征和高冲突人格者看起来很相似，如何辨别？请留意他们的言行举止，以及你自己对他们行为的情绪和感受，具体做法如下。

首先，让我们看一下他们都会使用哪些具有威胁性或极端性的语言。我们可以从书面语言和口头语言习惯着手为你提供一些线索。让我们看一桩真实的案例，一名男子在解决商业纠纷的调解会议前写给对方的律师一封恐吓信："我要竭尽全力追查你，直到我看到你因共谋诈骗而入狱，否则我绝不罢休。"

这看起来可能是一句简单的话，但表达的情绪却相当极端。如果这只是这名男子在情绪激动时向对方律师说过的唯一极端的话，也许我们可以忽略，但直到调解会议开始前的几周，这名男子还在不断咒骂并威胁对方律师。从他过往的行为记录里可以看到，他还曾起诉过其他人。这些行为都表明了他具有高冲突人格的模式。

另外，这句话也表明了他具有高冲突人格者的四个关键特征：单一、极端的思维方式（例如"竭尽全力"）；强烈、难以控制的情绪（例如"我决不罢休"）；极端的行为或威胁行为（例如"直到我看到你入狱"）；以及一味地指责他人（例如"我要追查你"）。

一周后，该男子在律师的办公室参加了调解会议，一同出席的除了与他发生商业纠纷的公司的首席执行官，还有这名首席执行官的律师——那个曾经被他写信恐吓过的人。然而，就在这次调解会议结束后，那名男子开枪打死了那名首席执行官和律师！

其次，让我们思考一下自己对激烈反应的感受。当你听到某人发表极端言论时，你可能会感到不舒服、受到威胁或厌恶。请特别注意这些情绪。

加文·德·贝克尔（Gavin de Becker）在其著作《恐惧给你的礼物》（*The Gift of Fear*）中指出，情绪经常很快会给我们发出明确的警告信号。作者在书中列举了因为感到恐惧而采取行动并最终避开生命危险的例子。

不要忽视突然产生的想要逃跑、战斗或僵住的情绪冲动，尤其是当它与你的理性脑传达的信息不一致时。虽然你不一定要在感到害怕时立刻采取行动，但请务必留意这种感觉，以及谁让你产生了这种感觉,仔细评估你是否处于实际的危险之中。你能注意到即将发生的事情吗?你能感觉到你面前的人是高冲突人格者吗?随着时间的推移,请仔细观察并倾听来判断他是否具备高冲突人格者的四个关键特征。

和高冲突人格者相处,会经常遇到这样一种情况:他会告诉你某人(即他的指责对象)有多糟糕,然后你开始对他指责的这个人产生类似的负面看法。反省一下:你对某个人的强烈的负面看法,是来自其他人,还是来自你自己的判断。因为这可能是一个信号,它能说明你是否在与一个高冲突人格者打交道。

高冲突人格者的历史行为

一个人行为模式会随着时间的推移而逐渐显现出来。如果你用几周或几个月的时间来观察一个人是否具备上述四种高冲突人格的特征,你就能对他做出明确的判断。如果他是高冲突人格者,那么根据他当前和过去的行为可以非常准确地预测他未来的行为,因为高冲突人格者会一直重复相同的行为模式,他们从不学习也从不改变,我将在本书中对这一模式进行详细的解释(请记住附录有关高冲突人格者的40种可预测行为模式)。

如果知道如何获取这些信息,那么你会发现一个人的过去能告诉你很多东西。首先,你可以去社交软件上搜一下他的社交账号,随意多询问几个了解他的人(不要仅是一两个人)对他的看法,看看能不能找出一些相关的高冲突行为模式。其次,你可以搜一下法庭记录,这些记录通常是公开的,因为高冲突人格者通常会比普通人遇到更多的法律问题,要么他们作为原告指控他人的非法行为,要么他们因伤害他人而成为被告。

许多高冲突人格者可以在一段时间（通常是几个月到一年）内向别人隐瞒他们的消极情绪模式，但很少有人能隐藏得更久。最终，他们的高冲突行为模式还是会在人际互动中暴露出来。我强烈建议每段恋爱至少谈一年以上，然后再决定是否要同居、结婚或者生孩子。

还记得汤姆和卡拉的案例吗？在卡拉的坚持下，他们只约会了两个月就结婚了。起初，汤姆对闪婚这件事还有点犹豫不决，但卡拉抱怨他不敢承诺。很快，卡拉怀孕了。当他们的孩子小劳拉出生时，汤姆和卡拉认识还不到一年。但有了孩子并没有使他们的关系更亲密，原来卡拉对做母亲并不是那么感兴趣。于是她又开始责怪和抱怨了，她声称整天待在家里带婴儿让她很痛苦，带孩子这件事给了她发火的"正当"借口。

那么，卡拉身上有没有发出预警信号呢？当然有，卡拉催促汤姆对自己做出承诺，尤其是无视汤姆的犹豫不决，这一点表现得十分明显。婚姻要靠双方共同经营，不能由一个人单方面做决定。另外，她还经常责怪别人，这也是高冲突人格者的强烈预警信号。这些行为模式不会因为结婚而得到改变。事实上，一旦汤姆做出承诺，情况往往会变得更糟。

90% 定律

但是有没有办法从某个单一事件中快速识别出潜在的高冲突人格者呢？答案是有的。许多高冲突人格者会去做 90% 的人都不会做的事

情,例如:

- 仅因感到劳累或压力大而随意攻击一个陌生人;
- 因朋友没有为他保守小秘密而公开羞辱对方;
- 因孩子违反了规则而毁掉孩子最喜欢的纪念品;
- 在机场售票处,冲到队伍的最前面,要求售票员立即为他服务,并告诉已经在柜台等待的乘客,"我的事肯定比你的事更重要";
- 刚认识某人就给他一个强烈而亲密的拥抱;
- 在员工例会上突然声嘶力竭地大喊大叫。

这些行为都很不合理,而且 90% 的人都不会这样去做。因此,我称之为 90% 定律。当你看到一些极端负面的行为时,你问问自己:"90% 的人会这样做吗?"如果答案是否定的,那么恭喜你,你已经养成了使用高冲突人格的行为模式来观察他人的习惯。

在《恐惧给你的礼物》这本书中,贝克尔讲述了一个女人因为丈夫用枪指着她而申请司法保护的故事。她告诉警官,如果她丈夫保证以后不再这样做,她就会回到他身边。然而警察告诉她,她的丈夫还会继续这样做,而且下次很有可能会杀了她。

那么警察是怎么知道的呢?我认为他只是运用了 90% 定律。90% 的人不会出于任何原因拿枪指着自己的另一半。这种极端行为无一例外地出自高冲突人格者。所以何必去冒这个险呢?

举个现实生活中的例子。一位有三个孩子的母亲在离婚后突然失踪,与孩子和前夫完全失去了联系,时间长达一年多。然后,她又突然出现并重新与孩子们及前夫建立了定期的联系。然而过了一段时间,因为发现事情并没有像她希望的那样发展,所以她就孩子的监护权问题向前夫提起了诉讼。但就在听证会开庭的前几天,她又消失了,这次她带走了孩子们。

让我们在这里运用 90% 定律来看一下。90% 的父母离婚后从来不会突然消失,也不会完全失联长达一年之后突然出现,这种行为背后一定有其原因。

WEB 策略

如果你开始察觉到某人的行为中存在高冲突倾向,那么应该怎么办呢?有一种很简单的方法可以快速评估一个人是否具有高冲突人格,我称之为 WEB 策略。WEB 策略是指从三个方面来判断一个人是否是高冲突人格者,分别是:话语、情绪和行为,将它们的首字母连在一起即为 WEB,接下来我们详细地讲一下 WEB 策略。

话语识别

观察一个人的语言模式是否符合高冲突人格特点,请对照以下几点:

- 他们总是责怪别人吗?
- 他们的想法是否极端?例如,"要么照做,要么滚!"或者"我讨厌那个小组里的每个成员!难道你不讨厌他们吗?"
- 他们表达情绪困难吗?比如,他们会因为一些子虚乌有的事情发几十条情绪化的短信告诉别人他们现在有多糟糕或者恳求他人与自己谈心吗?

- 他们是否经常会做出极具威胁性的行为？

情绪识别

你对这个人有什么感觉？当你待在他们身边或者想像着和他们在一起时，你会：

- 感到害怕或焦虑吗？
- 感到不自信或害怕被羞辱吗？
- 感到无助或绝望吗？
- 感到孤独、被孤立或尴尬吗？
- 因为他们的行为和言论而责怪自己吗？
- 试图说服自己忽略或不在意自己的感觉吗？
- 觉得他们非常棒，好得简直令人难以置信吗？
- 被他们迷得神魂颠倒吗？
- 感觉他们是自己生活的中心，对他们近乎痴迷吗？
- 为他们的遭遇感到无比的难过，觉得他们是无助的受害者吗？

行为识别

这个人的行为是否极端？90%的人会做出这种事吗？这个人是否会以非常消极的方式对待你？你有没有看到过他们用极其消极的方式来对待别人？压力、疲倦或一些特殊情况是否会成为他们做出过分行为或说出过分言辞的借口吗？

你会发现，这个定律不仅非常可靠，而且还可以帮助你避免雇用高冲突人格者，爱上高冲突人格者，或与可能毁掉自己生活的高冲突人格者结婚。

在接下来的章节中，我们将会更详细地介绍五种不同类型的高冲突人格者，教大家进一步识别以及应对。

如何与高冲突人格者打交道

如果你不得不与一个高冲突人格者打交道，推荐你使用的方法——CARS策略。这一方法包括四个部分，它们会帮助你处理与高冲突人格者的关系。

- **沟通**。抱着共情、关心和尊重的态度与他们进行交流。
- **分析**。帮助他们找出解决问题的方案或者给他们一些选项供他选择。
- **回应**。对虚假信息和敌意给出一个实事求是的陈述。
- **设定界限**。对高冲突行为设定规则。

在后面的章节中，我将简要地介绍一下这种策略以及如何用它来应对五种类型的高冲突人格者。首先要强调是，如果你的生活中已经出现了高冲突人格者，那么你该如何让自己避免成为他们的出气筒。

第 3 章

避免成为出气筒

正如前一章所述，高冲突人格者具有以下四个主要特征：

- 单一、极端思维方式；
- 强烈、难以控制的情绪；
- 极端的行为或威胁行为；
- 一味地指责他人。

也许你会问，我会成为高冲突人格者的出气筒吗？如果你不够警惕和谨慎的话，我相信会的。正如前面提到的那样，高冲突人格者通常会挑选一些关系亲近的人或者权威人士来作为他们的指责对象。而我们通常不会设想亲近的人或上司是高冲突人格者，所以难以察觉他们是否属于高冲突人格者。

人们对高冲突人格者避之不及，不过有一种方法可以让你很好地应对他们，那就是你可以通过加强对高冲突人格模式的了解来保护自己，我称之为"人格识别技能"。

事实上，阅读本书能够让你养成人格识别技能，从而尽快识别出这些潜在的危险的预警信号（在高冲突人格者对你造成伤害之前），这会让你在和他们交往时变得更加自信。

和高冲突人格者打交道时，你可以用人格识别技能来保护自己，避免被他们的表象迷惑。本书将向你介绍如何养成人格识别技能，如果你和一个人初次打交道，那么你可以用它来对这个人进行简单评估，来判断他是不是高冲突人格者。作为社会的一员，如果我们可以分享这方面的知识给更多的人，尤其是那些不了解高冲突人格者的人或者那些不谙世事、单纯的人，使他们免遭高冲突人格者的伤害，这对我们每个人来说都是件好事。

关于高冲突人格，你需要了解的四件事情

首先，我们在第 1 章中提到的五种人格类型都是经济、社会、政治和族群共同作用的结果，你不能单凭一个人的背景来判断他们是否为高冲突人格者。例如，你不能根据高冲突人格者的职业或别人对他们的信任程度来下定论。事实上，一些非常受人尊敬的领袖和一些从事助人职业的人，比如教师、医生、牧师、心理咨询师、护士等，他们可能比从事其他职业的人更有可能患有人格障碍，因为这些职业在亲密关系中是有光环的，受人尊敬，也显得很权威，所以更加具有吸引力。

其次，研究表明，高冲突人格者的数量在逐年增多，这意味着你被他们盯上的风险也在增加。

再次，因为高冲突人格者在冲突中表现出来的思维方式和行为方式异于常人，所以，你必须采用非常规的解决冲突的方法来应对。

最后，高冲突人格者本身并不邪恶。我们不应该把他们看作坏人，试图把他们从社会中驱逐出去。许多人天生就有人格障碍，还有一部分人是因为在生命早期受到过严重的虐待或被过度纵容才成为人格障碍者。

一些高冲突人格者，通过寻求帮助，在有效的干预下可以过上令人满意的生活；但对于那些拒绝他人帮助的高冲突人格者，我们需要通过共同努力来减少其危害性。

为什么选择现在做这件事情

如今，社会正在悄然发生变化。其中，有四个方面的变化令我们刮目相看，因为这些变化使我们变得更加脆弱，有时甚至不知道自己在和谁打交道。因此，为了避免自己成为别人的出气筒，培养人格识别技能变得十分重要。

第一，我们不了解对方的过往。现在，人们生活在一个流动性高到令人难以置信的社会中，以至于成了一个"个体社会"，但是我们仍然需要和他人联结，也会有不认识的人不断地走进我们的生活：恋人、同学、同事、兴趣相投的人，等等。其中遇到的大部分人，我们都不了解他们的过去、信誉以及以前的社会关系，除非他们亲口讲出他们的故事，否则他们的任何事情我们都不了解。正因为如此，所以从表面上并不能判断出来，谁值得信任，谁不值得信任。我们可以在网上查看某人的信息，但也很难分辨哪些信息是真的，哪些是假的。

第二，家庭和邻里关系变得脆弱。在社区、邻里之间和家族中，过去大家都彼此认识、互相关照，这意味着大家可以通过分享自己对陌生人或有潜在危险的熟人的看法，而且，每个人都有可能认识一些你想了解的人。通过闲聊，人们就可以了解到如何去应对或避开那些存在潜在危险的人。家族和社群在鉴别或管理高冲突人格者，以及保护他人免受其害方面做得很好。但现在，在我们这个"个体社会"里，你基本上只能靠自己，所以你必须自己去完成前期的"筛查"工作。

第三，我们的生活被网络操控。在网络上，只要稍做功课，任何人都可以隐瞒真实的自己，并以完全不同的形象出现。越来越多的人在利用科技来误导我们——无论是一张P得很漂亮的照片（和本人反差很大）、一份令人印象深刻的简历（但履历完全是编造出来的），还是一个让你哭得稀里哗啦的悲惨故事（故事内容是虚构的）。

第四，现代社会的娱乐文化误导了我们对真正生活的认知。如今电视上有很多综艺节目，还有丰富多彩的点播电影供大家选择，有些节目为了博眼球，里面人物（常常是高冲突人格者）的言行举止看起来让人非常反感，但在综艺节目或者电影的最后，这些人都会发生转变，产生新的见解，改变自己的行为，他们会变得更加智慧和友好。迪士尼电影或一些浪漫喜剧中的角色也都是这样的，但这扭曲了我们对现实生活的认知。事实上尽管每个人都在努力改变自我，并深信自己可以洗心革面，但高冲突人格者却很少有这样的反省能力和改变能力。

将现代社会这四种变化与历史悠久的人类本性结合起来，将会是一个潜在的危险组合。为什么？因为以下这些人性特点让我们很容易被别人操纵，也很容易成为别人的出气筒。

我们很容易相信别人。研究证明，我们在信任方面犯的错误比在不信任方面犯的错误更多，尤其是当别人向我们寻求帮助的时候。不幸的是，这种乐于助人的优良品质使我们在面对高冲突人格者时变得十分不利，因为这些人总是喜欢假装成受害者，利用人们的同情心来博取帮助。

我们会特别相信"物以类聚"。大量的脑科学研究表明，从婴儿期开始，我们就会受限于自己的背景和文化给人留下的刻板印象。我们会过度信任和我们相似的人，尤其是同一民族、种族、政治立场或宗教团体的人。然而，他们之中有10%的人我们都不该信任；我们也会过度怀疑与我们不属于同一个群体的人，然而，他们之中有90%的人我们是可以信任的。

我们更倾向于相信自己的情感。情感联系是人类最强大的驱动力之一，我们都渴望被爱、被喜欢和被尊重。然而，操控我们的情感，是那些想要毁掉我们生活的人所使用的主要手段之一。你会爱上他们，也会对他们的故事留下深刻印象，你还会被他们的魅力和他们对你的关心所打动。

我们会怀疑自己的行为。讽刺的是，尽管我们很容易相信别人，但却很难相信自己。当我们与其他人发生冲突时，我们的第一反应是质疑自己：是我说错了什么吗？是我做了什么愚蠢的事冒犯了别人吗？我下次应该怎么做？这种人类的正常特性会帮助我们学习、改变和成长。但当你与高冲突人格者打交道的时候，这种特性会给你带来麻烦，尤其是当你开始信任他们而不信任自己的时候。

这些都是人类的正常特性，有这样的反应并没有错。实际上，

90%的时间我们都会有这些反应，而你只需要知道识人；否则，你就可能会成为别人的出气筒。学会识别那些被大多数人忽视或者视而不见的警告信号，然后基于你对高冲突人格者新的了解去应对他们，而不是用你的自然反应去应对他们。

> **案例：汤姆和卡拉的爱情故事**
>
> 还记得汤姆和卡拉的故事吗？让我们一起看看发生了什么。
>
> 汤姆爱上卡拉的原因是她是派对上的焦点人物。每个人都爱她，为什么他不可以呢？另外，他平时表现得很害羞，也很安静，卡拉能让他展现出不为人知的外向的一面，他觉得在卡拉身边，他可以做回真实而完整的自己。
>
> 起初，他欣喜若狂。他在30岁的时候，终于找到了一个非常适合他的亲密爱人。然而事实是卡拉先主动的。当卡拉去做驻唱歌手的时候，汤姆是那家俱乐部的会员，他被卡拉迷住了，卡拉在休息时主动走到他面前，并且和他攀谈起来。
>
> 卡拉告诉他，她也30岁了，她想找一个有责任心的人安顿下来，并且还想生一个孩子。汤姆是很靠谱的一个人，但事实证明卡拉自己并不是很靠谱。
>
> 当办理结婚手续时，汤姆惊讶地发现卡拉的真实年龄是35岁。"这是怎么回事儿？"他喊道。"不要担心，"卡拉说，"你要知道所有的女人都会这样做——谎报自己的年龄。"汤姆纳闷，怎么会这样呢？算了，不管怎么说，她的确挺优秀的！

他们结婚后，卡拉总是和别人发生冲突，她经常告诉汤姆她的仇人有多坏：某一天她的朋友、家人和同事都特别让她生气；但是第二天，他们很快又和好了，他们又成了她最亲密的伙伴；但是隔了一天，他们又成了仇人……很快，汤姆对她的抱怨感到很厌烦：当汤姆还沉浸在卡拉和别人的冲突中替她不平时，结果却看到她和一周前她讨厌的那些人和好了，而且当时她还想让他也讨厌那些人来着。

结婚不久，卡拉就怀孕了。汤姆喜欢孩子，小劳拉成了他生命中的另一个挚爱。但他接受不了的是，小劳拉出生后不久，就被卡拉看作"小恶棍"。偶尔，卡拉也会特别喜欢他们两个，这个时候汤姆认为一切都会好起来，但是不久后卡拉又会把他们两个当作坏人来看待，反复如此。

慢慢地，汤姆意识到他和卡拉的婚姻注定会失败。但是他还在尽可能地维持婚姻。事实上，他一直在努力地支持和引导卡拉，想帮助她变得好起来。他提出跟卡拉一起去做婚姻咨询，但是被卡拉拒绝了。

汤姆感到很沮丧，他最后告诉卡拉，如果她再不做出改变，他将在一周内提出离婚诉讼。几天后，在汤姆去递交离婚文件之前，他收到了一份要求他离开家的限制令。原来卡拉比他提前提交了离婚文件，并且她在听证会上（汤姆没有在场）获得了这份限制令。卡拉告诉法官，汤姆非常危险，他经常辱骂她，还威胁她的生命。根据卡拉的陈述，法官同意将汤姆逐出他自己的家。

为什么事情会这样发展

为什么事情会发展成这样？没错，汤姆爱卡拉，但是坠入爱河有什么错呢？到底是哪里出了问题呢？

卡拉与汤姆在不同的州长大，在汤姆与卡拉的父母见面时，她的父母曾经告诉了他一些卡拉的成长经历。但是他们没有告诉他卡拉年轻时的那段放荡而危险的生活经历。那时的卡拉有一群吸毒的朋友，他们还经常一起偷车去兜风，卡拉甚至还时不时地离家出走。卡拉的父母从来没有提起过这些事情，要么是他们毫不知情，要么是他们接受不了这样的事实，所以不曾提起，因此汤姆在结婚之前对卡拉以前的经历知之甚少。

在他们开始约会的时候，汤姆身边的人都不认识卡拉。因为俱乐部里的酒保说卡拉非常受欢迎，汤姆特别幸运能够有一个如此会唱歌且受欢迎的女朋友。但是酒保了解的情况也很有限，或者对于卡拉的经历他也只能说这么多，所以汤姆找不到更多的人去了解卡拉的过往。

在卡拉网上的个人资料里面，有很多汤姆没有见过（当然也没有机会去见）的人的照片，甚至后来汤姆都怀疑他们的真实性。另一方面，卡拉很快就了解了汤姆的所有情况。他们才认识一个月的时候，卡拉就要了他的电脑密码，这样她就可以堂而皇之地在自己的电脑修理时用他的电脑了——对于这个行为至少卡拉是这么解释的。后来，汤姆发现卡拉查看了他电脑的所有的信息。然而，卡拉却不让汤姆接触她的任何涉及个人隐私的物品。

汤姆意识到自己可能漏掉了一些预警信号：卡拉想知道关于他的

一切，但是对于自己的事情却几乎不分享（单一、极端的思维方式）；她可以冲动地把朋友变成敌人、再变回朋友（强烈、难以控制的情绪）；她总是因某件事而怒气冲冲地责怪别人（一味地指责他人）；刚开始和她接触的时候，她却好得让人难以置信。

难道是天然的直觉误导了他？应该是的。卡拉在任何人看来都是有魅力的：她会唱很多汤姆从小到大听过的歌曲，这一点对汤姆来说非常有吸引力；卡拉很符合他的审美，有着他喜欢的一个很酷、很受欢迎的女人的样子和举止。他没有理由不信任她。此外，他还认为自己爱上的是一个可以接受真实的他的女人。

但遗憾的是，汤姆并不了解真正的卡拉，也不知道该如何将这件事情曝光。但他身边确实从一开始就存在非常明确的信号：卡拉习惯用"单一、极端"的口吻评价他人；与大多数人相比，卡拉的情绪非常强烈而且转变得非常快；卡拉总是喜欢把责任推卸给别人，刚开始的时候会让人觉得很疑惑，但经常这样就会让人觉得很烦。虽然汤姆认为卡拉是爱自己的，不会像对别人那样对他，但是如果汤姆具备人格识别技能，他就会意识到自己早晚会成为卡拉的出气筒。如果他当时有这方面的知识储备，他肯定在娶卡拉之前就离开了。

一些共情的话

在我们对这些特定的行为模式和预警信号进行深入的讨论之前，我想为具有这些行为的人说几句公道话：没有人会愿意承认自己是高冲突人格者或者有人格障碍；有些高冲突人格是在童年被极端虐待后形成的；还有一些人尽管有良好的成长环境，但他们运气不好，因为遗传了不良的基因而出现人格障碍；不过，大多数人格障碍都是由先天遗传因素和后天的成长环境共同作用的结果。

不管原因如何，人格障碍者和高冲突人格者的自我意识由于遗传或童年经历而丧失，他们的生活十分悲惨，他们是真的无法控制自己。他们不知道可以通过改变自己来改善自己的生活，而不是一味地去责怪别人。

记得我在第 2 章中说过，在与他们相处的时候，不要把他们当作人格障碍者或者高冲突人格者；相反，请用你即将在接下来的章节中学到的方法，怀着悲悯之心来回避或者与他们相处。

第 4 章

自恋型人格：我太优秀了，而你却一无是处

第4章　自恋型人格：我太优秀了，而你却一无是处

你的生活中有这样的人吗？他们总觉得自己高人一等，总是以牺牲他人为代价来反复证明自己比别人强。也许一开始你会迷恋他们，但一段时间之后，你会发现他们故意表现得比你优越，或故意显摆他们有特权享受某种特别待遇。也许你会觉得他们为了获得成功或获得关注，故意妨碍或者指责你，这些都是自恋型人格的特征。

自恋型人格障碍（narcissistic personality disorder，NPD）是五种高冲突人格障碍中最常见的一种类型。2008年，美国国立卫生研究院（NIH）大量样本研究报告显示，在普通人中，6.2%的人有这种人格障碍。这意味着北美有超过2200万的自恋型人格障碍者。根据我从业30多年处理过的数百例高冲突人格者的案例经验，以及研讨会上数千名心理专家的反馈，我粗略估计总是无端指责别人的自恋型人格障碍者大约占一半。此外，美国国立卫生研究院大量样本研究还发现，37%的自恋型人格障碍者同时患有边缘性人格障碍。关于这一点，我们将在下一章中讨论。另外，还有大约12%的自恋型人格障碍者同时具有反社会型人格障碍。关于这一点，我们将在第6章中讨论——同时具有多种人格障碍往往会增加他们出现高冲突行为的概率。

该研究还发现，62% 的自恋型人格障碍者是男性，另外 38% 是女性，所以自恋型人格障碍存在性别差异，但这种差异并不是绝对的。

同其他高冲突人格一样，自恋型行为造成的危害有轻有重。大部分低冲突型自恋者并不会毁了你的生活，虽然你可能会觉得他们非常傲慢自私，难以相处。然而，高冲突型自恋者则可能会伤害到你，并且他们还会为自己辩护，自负地认为他们对你造成的伤害是合理的。当然，他们也可能完全没有意识到自己对你造成的伤害。

关于自恋型高冲突人格的基本常识

根据 DSM-5，人格障碍的诊断标准是"有明显、持久且严重的社交缺陷或内心忧虑"。如果具有自恋型人格障碍的九种特征中的五种或以上，就可以被确诊为自恋型人格障碍，其中三个关键特征在那些自恋型高冲突人格者身上表现得尤为明显：

- 认为自己比他人，尤其是周围的人更优越；
- 觉得自己享有特殊的权利，认为规则对他们来说不适用；
- 缺乏共情，经常在公共场合侮辱或者贬低别人。

你可以看到和有这些特质的人保持亲密关系是多么地困难，因为他们总是想通过贬低别人来抬高自己，这样就会不断地制造新的冲突。

自恋型高冲突人格者不存在真诚的社交关系，社交只是他们谋取私利的手段。他们非常擅长劝诱自己的伴侣、同事和商业伙伴，也很善于在政治活动或宣传活动中去诱导公众。人们在跟他们认识很长时间之后，才会意识到他们缺乏真才实学；他们不愿意努力工作，在人际关系中不愿意与人真诚地交往；他们总是把所有的过错都归咎于别人，而且每当有更好的机会出现时，他们就会转身抛弃你。

因为自身的优越感和权力感，他们会觉得只要有助于他们维持良好的形象，且不受别人指责，就算是破坏别人的生意、婚姻、事业和生活，也都是合理和正当的。同时，他们可能会说（或暗示）你对他们行为的不满，都是你自己造成的，和他们无关。

自恋者的行为通常都是不自知的，他们控制不了自己，这是他们的内心写照。自恋型人格障碍通常是幼年时期形成的，一部分患者是童年时遭受虐待或者被过度纵容所致。

还有一点很重要，就是你要明白一件事，自恋者对你的操控从来都不是因为你对他来说有多重要，只是因为你是一个容易被他捕获的"猎物"而已。事实上，即使你是自恋者的同事、邻居、朋友、甚至家人，他们也并不会真正在意你，因为他们只看得到自己。他们过去对很多人都不珍惜，将来他们更会如此。当有一个更大、更好、更重要或更容易实现的目标出现时，自恋者可能就会突然甩掉你，然后转头去追逐那个目标了。

同样重要的是，要把自恋型人格障碍者与那些真正的成功人士（成就和才能被普遍认可）进行区分。自恋型人格障碍者会把他们个人的成就和天赋过度地夸大，并且他们抗拒改变，这会导致他们伤害身边的人。在心理学上，这通常被称为"病理性自恋"，或者情况严重的话，会被称作"恶性自恋"。

我们需要将病理性自恋与许多成功人士的自恋进行对比：一些知

名的政治家、商人、艺术家、医生、律师、音乐家、厨师、作家等，他们身上都存在一些自恋的特征，但是这些通常被称为"良性自恋"。因为当他们遇到困难和挑战的时候，这些自恋的特质可以帮助他们增强自信。如果能控制好程度，他们的这种自恋对个人是有益的和健康的。

注意，根据 DSM-5 的标准，所有人格障碍都有一个共同的特征，那就是一个人"有明显、持久且严重的社交缺陷或内心忧虑"。当人们表现出足够多的消极行为模式时，他们就不是健康的自恋。

自恋型高冲突人格者的两种类型

许多心理学家将不健康的自恋者分为两类：脆弱型和浮夸型。区分这两种类型的标准是自恋者的弱点暴露时他们的反应，比如，当他们公然说谎被人揭穿（即心理健康专家所说的"自恋受损"）时的反应。针对上面所说的这种情形，脆弱型自恋者会马上生气，并且通过肢体或者语言去攻击那些暴露他们缺点的人；相比之下，浮夸型自恋者根本不会生气，但他们会在事后报复对方，比如通过散布那个人的谣言，妨碍那个人的工作、名誉，起诉他们，损坏他们的财物或者以其他方式伤害对方。即使是他们在公开场合羞辱了你，你也要切记不要在公开场合回怼自恋者。即便他们当时表现得没什么，事后也会精心策划伤害你，你稍后就会变成他的新的出气筒。

让我们来看看几个现实生活中的自恋型高冲突人格者的例子。

案例：自恋的体育明星

兰斯·阿姆斯特朗（Lance Armstrong）[①]虽然还没有被正式诊断，但许多媒体人士暗示他有自恋型人格障碍。《那么骄傲，那么孤独》（*The Narcissist You Know: Defending Yourself Against Extreme Narcissists in an All-About-Me Age*）一书的作者、心理咨询师约瑟夫·布尔戈博士（Joseph Burgo, PhD）也这样认为，他在博客中写道："昨晚看了美国著名脱口秀主持人奥普拉对阿姆斯特朗的采访，对比他过去一直矢口否认服用违禁药的发言和获胜时的演讲，不难发现，他的'自恋型防卫'似乎更加明显了。尤其是他生活在一个'成者为王，败者为寇'的世界里，一生都在努力证明自己是一个胜利者，而不是一个可耻的失败者，这正是他自恋情结的核心动力来源。"

在采访后的第二天，美国广播公司新闻记者伊丽莎白·瓦尔加斯（Elizabeth Vargas）讲道："兰斯·阿姆斯特朗亲口承认毁掉了许多说出他服用兴奋剂真相的人的生活。"瓦尔加斯采访了贝齐·安德鲁（Betsy Andreu）——阿姆斯特朗关系较好的前队友弗朗基·安德鲁（Frankie Andreu）的妻子，贝齐说："兰斯总是会攻击那些说出他秘密的人。"

纪录片《阿姆斯特朗的谎言》（*The Armstrong Lie*）就是一个例子。2009年2月的某一天，阿姆斯特朗接受了一档新闻节目的采访。在采访中，他没有针对批评他的内容做出回应，而

[①] 美国职业自行车运动员。——译者注

是对批评他的人说："你不配坐在椅子上和我说话。"

通过以上描述，可以看出阿姆斯特朗具有典型的贬低别人抬高自己的行为模式。他很直接甚至公开声称来访者不配坐在那把椅子上，他在接受采访时会不遗余力地吹嘘自己的能力，还会攻击、诋毁那些采访者。

案例：自恋的电台主播

还记得第1章讲的珍和杰森的故事吗？它是根据一个真实的故事改编的。通过第1章的描述，你是否会认为杰森有自恋倾向？是一个高冲突人格者？

不可否认，杰森非常有魅力，他和珍两个人围绕当前的媒体行业发展趋势以及电视业的发展前景进行了热烈的讨论。当时，杰森似乎对珍的专业能力非常感兴趣，珍希望她可以在杰森的引荐下找到一份工作。交流结束时，杰森表达了对珍的认可，并给了她一个热烈的拥抱。在那天晚上，杰森还邀请珍一起出去喝一杯。

珍不知道自己到底该不该接受杰森的邀请，因为杰森略显轻浮的举动让她感觉有点不舒服，但经过一番考虑后，珍给杰森发了一条短信，她说如果是普通好朋友的见面完全可以，同时她提到希望杰森帮助她找到一份工作。杰森回复说，他对普通友谊不感兴趣，也不想成为被她利用来找工作的工具。

在这两个人短暂的互动中，杰森有自恋型高冲突人格者的警告信号吗？傲慢？自以为是？情绪化？行为极端？有没有什么迹象让珍能预感到三年后杰森可能会被电视台解雇，并且会因为性侵六位女同事而入狱呢？

是的，确实是有一些预警信号的：90%的人在跟珍第一次见面交流的时候不会给她一个"热烈的拥抱"；90%的人不会邀请只见过一次面的女性在晚上出去喝一杯；90%的人都不会在邀请别人之后，因为别人的帮忙求职要求而恼羞成怒取消邀约。

虽然这些可能不是非常明显的预警信号，在其他情况下可能也并没有什么特别的含义，但它们确实是一种提示，可以让你在完全信任某些人或相信某件事情之前更加认真地思考。幸运的是，珍很及时地提及让杰森帮她找工作。当时珍有意让杰森感受到她对他"设限"，委婉地向杰森表明，她只对工作上的联系有兴趣，而不想有其他过多的交集。凭借自己的第六感，她成功地躲开了可能遇到的危险。

案例：自恋的恐怖分子头目

狂热的领导者往往具有极端的自恋型人格障碍。美国联邦调查局特工乔·纳瓦罗（Joe Navarro）在其著作《追捕恐怖分子：关于恐怖主义精神病理学研究》（*Hunting Terrorists: A Look at the Psychopathology of Terror*）中解释了为什么乌萨

> 马·本·拉登（美国"9·11"恐怖袭击案首犯）符合自恋型人格障碍的特征：不管事情原本发展得有多好，一旦出现问题，他都会马上改变自己的态度，或者立即贬低对方的价值。这种突然的转变和不可逆转的行为模式在许多恐怖分子的身上都有体现，至于说恐怖分子头目，自恋或许是他们最常见的特征之一。
>
> 　　自恋型人格障碍者缺乏共情能力。他们狂妄地认定，自己是世界的主宰。无论有多少追随者愿意为他们牺牲对他们来说都不算什么，但如果他们觉得自己同伙的成功和受欢迎程度对他们有一点点的威胁，他们就会将其除掉。
>
> 　　这也就解释了为什么那些狂热、自恋的领导者的追随者通常不是自恋者。事实上，这些追随者的生活往往会被那些缺乏共情能力、对他们一点都不在乎的领导者毁掉。例如，在乌萨马·本·拉登公开的视频中可以发现，当他第一时间听到发生在2001年9月11日美国纽约世界贸易中心大楼被成功袭击的消息时，他非常兴奋。后来他曾说许多参与任务的年轻的劫机者并不知道他的全部计划，他的语气中带着蔑视和不屑。

如何识别自恋型高冲突人格者

　　许多自恋者都非常自负，因此人们很难忽视他们过高的自我评价。但他们中的大部分人在开始的时候都会将他们的自恋行为隐藏在自己迷人的外表下，直到你认识他们几周或几个月，有时甚至一年之后才会发现。

那些知名度很高或备受关注的职业（比如医生、律师、教授、演员、政客等），比较容易出现自恋型人格者，因为这些职业的社会声望非常容易吸引自恋型人格者。其他一些服务型职业如护士、社工、心理咨询师、牧师等也是如此，因为这些人工作中服务的对象，无论是在身体上还是在心理上都相对比较脆弱，这就让他们在工作之余有可乘之机。如果你是一名招聘主管，正在招聘这些行业的从业者，要特别注意去识别和过滤掉自恋型高冲突人格者。

因此，在第2章中你学习的 WEB 策略是一个非常实用的识别工具。你要记住 WEB 这三个字母分别代表什么——W 代表话语，E 代表情绪，B 代表行为。

1. **话语识别**。除了高冲突人格的四种特征（单一、极端的思维方式；强烈、难以控制的情绪；极端的行为或威胁行为；一味地指责别人）之外，我们还要留意这样的表现：傲慢、缺乏共情能力、蔑视、贬低或者侮辱他人；喜欢发表类似"成者为王，败者为寇"的极端言论。从这些表现中可以感受到他们自身的优越感，以及他们享有额外服务和福利的权利感。

2. **情绪识别**。加文·德·贝克尔在《恐惧给你的礼物》一书中说过：直觉通常会第一时间告诉我们某个人有问题。当你和一个人待在一起时，或者当你想到他时，请关注下自己的直觉，问问自己会害怕吗？你会觉得在他身边无法呼吸吗（人们戏称待在自恋者身边，连呼吸都会变得困难）？当你和他在一起的时候，你会不会怀疑自己的智商、能力、价值，觉得自己不够自信？自从和他在一起后，你是否感到无助或绝望？也问问你自己对这个人的敬畏是否超出了理智的范畴？你是否觉得自己被他征服了？你会觉得他是你心目中的英雄吗？你觉得他特别优秀吗？

最后，问问自己："亲人或朋友是否担心我对他过于崇拜了？当他被别人批评，我想要为他的言行辩解吗？当我夸奖他时，我会不会感到尴尬？"

3. 行为识别。他是否会对别人表现出攻击性，然后用自身的优越感来为自己开脱（比如他们会说："你难道连我是谁都不知道吗？"）？他们觉得自己有权无视正常的规则吗？他们会经常公开而且恶意地侮辱别人吗？他们会不在乎或注意不到别人的感受吗？他们是否对他人缺少共情？

你也可以使用 90% 法则去识别一个自恋型高冲突人格者。比如，结合本章中的例子，你认识的 90% 的人会这样做吗？

- 当别人提出一些实事求是的批评意见时，他会回应："你不配给我提意见。"
- 当被告知成千上万的人已经牺牲，其中包括一些刚刚替他完成了一项重要任务的人时，他居然还能笑得出来。
- 会故意破坏那些揭穿他们真相的人的生活，然后又公开承认是自己所为。
- 会在第一次见面后就要求再次聚会，然而当对方想请他帮个忙时却遭到他的恶语相向与拒绝。

与认识这些人的人交流，告诉他们你对这个人有些怀疑和担心，但你不确定是不是你自己想多了，这时，大多数人都会对你坦诚相待的。

如果有人在解答你的疑虑时，特别激动地对你说这个人是多么了不起，多么美好，多么优秀，或者滔滔不绝地说整个世界都在围攻他，然后把他描述得像一个受害者一样，那么你问的那个人很可能被那个自恋型高冲突人格者洗脑了。

如何避开自恋型高冲突人格者

任何一段新的关系，都要小心谨慎地开始。与自恋型高冲突人格者保持距离是较为容易的，或者一旦发现对方是自恋型高冲突人格者就立刻中止这段关系，这要比时间久了再退出容易得多。总的来说，这是一个很好的建议，尤其是当你注意到本章中描述的任何预警迹象出现时，一定要终止和他的关系，这一点尤其重要。不要天真地认为自己可以和他们建立起真正的关系，可以改变他们的性格或是可以纠正他们，不要妄想了！

对于那些在自恋型高冲突人格者身边的人来说，通常在第一次见面的时候，他们会对这些自恋型高冲突人格者印象深刻并且兴趣浓厚，会刻意去讨好他们。但时间一长，当这些人的讨好没有得到任何回报时，他们就会对自恋型高冲突人格者产生怨恨，并试图散布一些负面信息来抨击他们。如果你认为你面对的人可能是自恋型高冲突人格者，那么从一开始就要避免过分巴结他。如果你的判断是正确的，克制这种想要巴结他的冲动，会让你更容易得到别人的支持。

以下是一些其他的技巧，可以帮你回避自恋型高冲突人格者。

问对方一些问题。通过询问对方的生活、过往、家庭、工作和兴趣爱好，你可能会得到一些有用的信息，包括你可以打听一些他认识的人的名字。你也可以从对方对问题的回应中得到很多有用的信息。但是如果他们非常犹豫、戒备，或者对被问的问题非常抵触，你就要避免继续了。

长时间地从多个角度进行持续观察。如果你正在恋爱，先花一年时间了解对方。有时候，在步入婚姻的殿堂之前，共同生活一段时间可以帮助你更加深入地了解对方真实的样子。但有时即便如此，如果你们在同居的时候分手了，有时也还是会产生一些纠葛，甚至会打扰其他室友或邻居。

如果你是招聘主管，尽量延长面试者的试用期，同时在面试的时候找几个你信任的人一起参加，询问并参考他们对求职者的感受和看法。同样，在寻找室友、找工作和其他需要保持长期合作或社交关系的伙伴时，一开始你就需要小心谨慎。

如何与自恋型高冲突人格者打交道

如果你决定和自恋者打交道，那么即使他们的错误非常明显，你也要避免指出他们的错误；即使他们的谎言和骗术非常离谱，你也要避免揭穿真相；即便他们很可笑，自作自受或是刚刚冒犯了你，你也不要回击他们；相反地，你应该保持冷静、按兵不动，尽快转移这个话题。

下面将介绍你应该如何使用第 2 章中的 CARS 策略来处理与自恋型高冲突人格者的冲突。

1. **沟通**。首先应尝试用一些带有共情、关心或尊重的语言与他们进行交流，这有助于缓和你与大多数高冲突人格者的冲突。当然，如果这个人很暴力、易怒或有其他危险行为，就不能采取这种方式了，那时，你需要做的就是远离他，保护好自己！

这里举一个关于用共情、关心和尊重的语言与他们进行交流的例子，里面用到的策略是第 2 章中介绍的 CARS 策略的第一部分，我们称之为 EAR 表达法。

E 代表共情，例如："我知道这是一个令人沮丧的情况。" A 表示关心，例如："请跟我说得详细一些，我想从你的角度去看待正在发生的事情。" R 是指尊重，例如："对于你为解决这个问题所做的努力，我深表敬意。"

当与自恋型高冲突人格者打交道时，尊重他们会让你事半功倍。你要尽可能使用带有"尊重"含义的表达，比如：

"我很尊重您对我们社区的承诺。"

"我真的很佩服您上周做的演讲，实在是太棒了！"

"我很尊重你和我儿子的关系，我想让你和他有充足的相处时光。"

当然，你表达的必须是真实的想法，不能为了取悦他而言不由衷。如果你说了假话，他就会抓住你的把柄，并因此怨恨你，或者以后他也这样对待你，尤其是当你试图疏远他的时候。许多人会费尽口舌去博得自恋型高冲突人格者的好感，却不知只需三言两语即可达到目的。你只需简单地表达共情和关心，多强调尊重。因为过分强调共情或关心可能会让你被自恋型高冲突人格者操纵，他会认为你为了博得他的好感而愿意做任何事情。他以自我为中心的方式和他的优越感有时会适得其反，这让他长期感到焦虑和痛苦，这时他就会利用你来刷存在感和获得优越感。

2. **分析**。帮他找出解决问题的方案或者给他一些选项供他选择。你可以把任何事情变成一种选择，这会让对方感到更有力量和更受尊重。假设一位自恋型高冲突人格者突然拜访你或打电话给你，说需要占用你的时间和精力，你可以这样说："没问题，但我现在只有五分钟的时间。如果我们提前约定并且安排好，下周我可以花一个小时和你讨论这件事情。怎么选择由你决定。"

这种方法可以帮助你将他的需求转化为一种选择，这样你就可以在让对方感到被尊重和关注的同时，避免被他随意地打扰到。

3. **回应**。如果自恋型高冲突人格者对你弄虚作假或者表达对你的敌意，你只需要给他一个带有准确信息的实事求是的说法，然后结束对话即可。比如："哦，你可能没有意识到，这个问题昨天已经解决了。"

这就是我所说的 BIFF 回应法：简短，可能只有一句或几句话；信息，给出直接的信息，而不是防御性的信息；友好，说话的语气平淡而温和；坚定，果断结束潜在的不怀好意的讨论。

这种方法对所有的高冲突人格者，尤其是自恋型高冲突人格者会很有帮助，因为这种方式会让他们感到自己被重视，而不是被敷衍、被轻视或被侮辱。在一些书面回复中使用这种方法尤其有效。

4. **设定界限**。如果你身边已经有了一个自恋型高冲突人格者,那么你可以通过立规矩来约束他,并反复提醒让他遵守这些规矩。当然,前提是你要小心翼翼地去做这些事而不要惹到他。

因为自恋者往往认为他高人一等,所以他不认为有什么规矩或界限适用于他。他会经常直接拒绝你,这就是你为什么你不能只说不,而是必须有明确的界限,并且能够让他清楚越界的后果。

你需要为你们将要谈论的话题设置一些界限,比如像谈论多长时间,以及你要告知他你能做什么和不能做什么,等等。实际上,如果我们在生活中经常这么做,那么非高冲突人格者可以很快了解到我们的界限,他们通常就不会越界。但是自恋型高冲突人格者非常执着,因为他永远会不厌其烦地按自己的方式去做事情。为此你要做好准备,并且就事论事地设定界限。你要让他明白,这些界限并不是你针对他设定的,而是你的规划、你的老板或是其他客观因素使你不得不设定这种界限,并把这种界限落到实处。

我们每个人都有权对他人设限。但当你碰到自恋型高冲突人格者时,事情就不是这样了。他会因为你给他设限而给你捣乱,并把一切过错都归咎于你。比如他会说:"我告诉过你的助理说有事要问你,但他却说你当时在开一个无聊的会议没空见我,好吧,那我就去告诉你的老板,说你曾经骂他是个混蛋。"遇到这种问题,最好的处理方式是试着预测一下接下来会发生的事情,并根据实际情况想好应对措施。你可以说:"我要去参加那个会议,所以如果你有着急解决的问题,可以给我发邮件,我会尽快回复你,或者你可以给我的助手留个口信，他会在第一时间告诉我。"

如果你不设限，你的生活就会被自恋型高冲突人格者掌控，最终你会成为他的出气筒。但如果你设置了界限，而他又是你的老板，那么他可能会解雇你；如果他是你的商业伙伴或同事，那么他可能会拒绝和你一起工作；如果你在和他约会，那么他可能会一直用信息轰炸你。所以，从一开始就学会识别和远离自恋型高冲突人格者对我们来说是非常重要的。

如果你实在无法避开这样的人，那么你可以在他为某事感到难过的时候花点时间来安抚一下他的自尊心。比如，"非常感谢您对我的理解，因为知道您的时间宝贵，所以我已经在第一时间回复您了"。通过第一时间回复他的消息，你可以避免与他的冲突升级，也可以避免因为耽误其他的安排而遭到别人的抱怨。你也可以表示希望获得对方的尊重，比如，"我很感激您对我的尊重，我需要集中精力工作不被打扰"。

但对于自恋型高冲突人格者来说，有时候被他们解雇或者明智地离开他们才是最好的选择。无论你多么努力地去管理和设置界限及以维持关系，最终你都可能会精疲力竭。通常最好的做法就是迅速结束这段关系，向前看。

那么什么样的方式风险才最低呢？

如何摆脱自恋型高冲突人格者

如果你想要限制、减少或结束与自恋型高冲突人格者的关系，那么你需要谨慎规划一下。

自恋型高冲突人格者对拒绝非常敏感,他们可能会把你的一举一动都解读为侮辱或威胁。以下是一些实用的技巧。

- 永远不要告诉自恋型高冲突人格者,你让步是因为他们有人格问题或者他们做过虐待你的事情,也永远不要暗示或者说出尽管你让步了,但其实错在他们(哪怕你肯定就是他们的错)。如果你这样做了,你就会继续成为他们的出气筒。
- 别自我指责和批评,例如:"我只是现在还没有能力驾驭这段新的社交关系。"这会使那些自恋型高冲突人格者更加相信一切都是你的错。
- 用你的风格、兴趣或目标的变化当作理由去向他们说明。例如:"我对击剑俱乐部不像以前那么感兴趣了。"或者"我想多花点时间和家人在一起,减少一些和同事相处的时间。"
- 永远不要让对方觉得你在拒绝他们。许多自恋型高冲突人格者会因为被拒绝而进行报复,这是他们最常见的特征之一。
- 最重要的是,不要把你的让步当成一件大事,就事论事。如果一个自恋型高冲突人格者感觉你很焦虑,或者在你在解释事情时带有情绪,他们就更有可能把你当成指责对象。这是他们一贯的做法。
- 用简单的方式对他们表达出尊重。多用"尊重""有才能""成功"这样的词语,比如:"当然,我仍然会支持你,我希望你越来越成功。"
- 自恋型高冲突人格者很有可能会质疑你,要求你证实你的观点,或者告诉你有"妥协"的想法是错误的。但你不需要证明任何事或和他们发生任何争辩，简单表明你的观点就可以了，比如："这就是我现在的感受和想法，当然我仍然会支持你，希望你越来越好。"

- 不要唐突，比如试图用非常简短或者让人感觉很敷衍的短信或者邮件来结束你们之间的沟通，但是也不要把这个过程拖很久，通常几分钟的单独谈话就可以了。
- 如果你觉得事态危急或者事情会朝不好的方向发展，那么你可以去求助心理咨询师。把你在生活中遇到的自恋型高冲突人格者的一些特征告诉他们，并寻求他们的帮助和指导。

结语

一旦你意识到某个人是自恋型高冲突人格者，那么在任何情况下你都不要批评他，不管他有多么讨厌或恶语相向。即使是最轻微的批评，也会导致他把你当成重点指责对象，而且这种情况可能会持续数年，因为这一类人最不能接受的就是别人的批评。

不得不承认的是，你委婉间接的方式在别人看来可能是"忍气吞声"，或者是你单方面想维持和他的关系，但实则这是一个妙计。如果你用负面回应去打击一个自恋型高冲突人格者，那么这只会让你暂时自我感觉良好，之后你可能要花上几个月甚至几年的时间来处理因一时之快而带来的后果。

有些时候，适度的赞美和欣赏可以缓和自恋者的愤怒情绪，或者可以阻止他们的行为，但一定要赞扬他们曾经确实做过的事情，比如："哇，你家的家具是你自己选的，还是设计师帮你选的？"否则，他们可能会对你产生疑心，甚至更恶毒地指责和攻击你。

学习了本章有关人格识别的技能，会让你很容易地及早发现自恋型高冲突人格者，避开他们并增强你在跟他们交往时的信心。如果在你的生活中确实出现了一个或更多的自恋型高冲突人格者，那么你就要睁大眼睛去看看你将要面对的现实，想想你需要做哪些工作来管理他们的高冲突倾向，以减少他们给你带来的负面影响。

第 5 章

边缘型人格：
爱恨就在一念间

第5章 边缘型人格：爱恨就在一念间

也许你认识一个非常有魅力的人。他前一分钟还非常友好、通情达理，然而下一分钟，他就冲着你大喊大叫，指责你，攻击你。形式有可能是口头上的、经济上的、公开的、身体上的，甚至是更多形式。他们从爱你切换到恨你的速度是惊人的。这些情况说明，你可能正在与一个边缘型高冲突人格者打交道。你会忍不住地问自己："我做了什么？我怎样才能逃离？"

边缘型人格障碍（borderline personality disorder，BPD）几乎与自恋型人格障碍一样普遍。2008 年，美国国立卫生研究院大量样本研究报告显示，世界上有 5.9% 的人有边缘型人格障碍，6.2% 的人有自恋型人格障碍（其数量在北美超过 2200 万人）。

根据我在精神病院、门诊和对法律纠纷案件的观察，估计有超过一半的边缘型人格障碍者同时也是喜欢指责别人的高冲突人格者。这是因为他们可能在社交早期将注意力高度聚焦在某一个人身上，所以在关系破裂后也同样关注那个人（这种关注通常会在分手后持续数周或数月）。无论是情侣关系、亲人关系、同事关系还是其他关系，亦是如此。

然而，并非所有的边缘型人格者都有高冲突人格。有些人只是将他们的问题归咎于生活环境，而不是任何一个人。他们想知道为什么事情总是不如他们所愿，为什么人们总是那么不可靠且都会离他们而去。有些人试图自杀或自杀成功，有些人通过自残来感受自己对情绪的控制。但边缘型高冲突人格者有特定的指责对象，他们会对其纠缠数月甚至数年，并伴有情感骚扰、法律诉讼，甚至反复的人身攻击。

美国国立卫生研究院大量样本研究发现，边缘型人格障碍者中有 53% 是女性，47% 是男性。此性别差异并不明显。这让许多了解 DSM-4 的心理健康专业人士感到诧异，因为他们从中了解到这主要是一种女性疾病。但美国国立卫生研究院大量样本研究成果现已被纳入 DSM-5 中，边缘型人格障碍者以女性为主的说法已不再被认可。

一部分边缘型高冲突人格者特别喜欢报复和诡辩。他们常常在法庭上起诉所谓的"施虐者"（实际上是他们的指责对象）以不同的方式"抛弃"他们。虽然其中有些人确实是受害者，也的确需要得到保护，但也有一部分边缘型高冲突人格者会伪装成受害者，因微不足道或莫须有的伤害行为对前任、老板和朋友进行打击报复。

关于边缘型高冲突人格障碍的基本常识

根据 DSM-5，如果一个人符合其中关于边缘型人格障碍的九种特征中的五种或以上，那么他就是边缘型人格障碍者。有以下三个关键特征的人很可能就是高冲突人格者或高冲突状况制造者：

- 害怕被抛弃，非常执着地寻求安慰；

- 情绪波动很大，在友好和愤怒之间快速转换；
- 绝对化：把人分为绝对的好人和绝对的坏人两类。

害怕被抛弃是这种人格障碍的基本特征，边缘型人格障碍者具有依赖性。他们不断地要求对方联系他们并保证，他们会死死地抓住伴侣（虽然他们经常威胁要离婚，但很少是动真格的）、关系亲近的专业人士（他们反复打电话给他们的医生、治疗师、牧师、律师），或者亲密的朋友（他们可能在工作场合或其他地方刚刚认识）和家人（他们从未完全放弃对家人的依赖或怨恨）。在刚和他们相识的几周或几个月里，你可能只能看到他们友好的一面。你们的关系会迅速升温，你对他们非常关心，但他们仍像从未真正得到过安抚一样，不断地要求得到更多的联系和保证，因此不可避免地会让你不得不疏远他们。他们可能会向关系密切的人隐瞒他们的人格障碍，但时间通常不会超过 12 个月。

如果他们真的觉得人们抛弃了他们（即使你没有），或者人们只是在逛商店时忘记了帮他们代购物品，他们就会很生气。他们可能会四处散播对方的谣言；可能会对对方进行人身攻击（最坏的情况是一怒之下杀了对方，但很快就会后悔）；起诉与他们来往密切的专业人士；当另一半想离婚时，他们会报警控诉你的罪行，如儿童性虐待、成人性虐待或恐吓他们，等等。但这些全都毫无真实性可言（不过，即使你没有，你最好也配合这个调查，这样就不会让人觉得你做错了什么）。

边缘型高冲突人格障碍者会试图说服其他人反对你，有一些人也的确会因此而反对你，还有一些朋友和同事可能会避开你，因为他们看到边缘型高冲突人格者的情绪如此激动，避之不及。

边缘型高冲突人格者的两种类型

兰迪·克雷格（Randi Kreger）是《边缘型人格障碍》（*The Essential Family Guide to Borderline Personality Disorder*）一书的作者，他指出，边缘型人格障碍分为两种：普通的低功能边缘型人格障碍和隐藏的高功能边缘型人格障碍。在外人看来，隐藏的高功能边缘型人格障碍者可能是成功和受人尊重的，但他们在亲密关系中会遇到极大的挑战。他们的情绪波动很大，但这会被他们掩饰得很好，甚至很多年过去了，他们的同事、邻居或专业助理都没有发现。但是，如果与你关系密切的是隐藏的高功能边缘型人格障碍者，比如你的伴侣、直接下属或商业伙伴，你会发现他们可能会因为一点儿小事或子虚乌有的事而大发雷霆。

因为许多隐藏的高功能边缘型高冲突人格行为都具有隐秘性，所以我将在本章中会使用一个虚构的例子。我们拿梅丽尔·斯特里普（Meryl Streep）在 2006 年的电影《穿普拉达的女魔头》（*The Devil Wears Prada*）中饰演的角色为例。在剧中，她饰演的米兰达·普里斯特利（Miranda Priestly）是一位位高权重的时尚杂志主编，经常折磨她那初入职场的私人助理安迪［安妮·海瑟薇（Anne Hathaway）饰］。米兰达的情绪经常剧烈波动，她时而魅力四射，时而极端苛责。她给安迪安排了一些特殊的任务和机会，还经常威胁安迪说如果她有任何的闪失，就会被解雇。米兰达情绪经常剧烈波动的特点很符合隐藏的高功能边缘型人格障碍的特征。

安迪则充分展示了一个受害者常见的行为表现——她努力地取悦米兰达，却被她牢牢地控制在手心里。米兰达经常把她的员工分成绝对的好员工和绝对的坏员工，她前一分钟还在帮别人，下一分钟又在其背后动手脚。最终，安迪辞掉了她的工作，也离开了时尚行业。她原本计划要在时尚行业干满一年，没想到还是迫不得已离开了。虽然这只是一部电影，但隐藏的高功能边缘型高冲突行为在生活中是普遍存在的。

另一方面，普通的低功能边缘型人格障碍者通常会因为人格障碍而显得能力不足，可能会因为他们的情绪波动和情绪分裂而难以在一份工作中立足，甚至可能引发各种自杀行为。

这个群体有自杀念头或自杀行为都是很常见的，他们也常常需要进行精神病治疗或其他心理健康治疗。他们还会用剃须刀片、刀子或笔割伤自己胳膊和腿。总的来说，普通的低功能边缘型高冲突人格者更有可能用自杀来威胁或阻止家人和朋友抛弃他们，不过，他们也可能真的会自杀。

边缘型高冲突人格者会将自己的问题归咎于身边的人，而被他们指责的人往往会陷入矛盾的心理循环：一方面想要试图帮助曾经关心过的边缘型高冲突人格者，另一方面当边缘型高冲突人格者的人格问题持续增加时又想要远离他们。处于这类关系中的普通人通常会寻求某种心理咨询来帮助他们应对或摆脱这种心理循环。

如何识别边缘型高冲突人格者

一些边缘型高冲突人格者一开始情绪很强烈：愤怒、极度恐惧、苛求——完全不管当时的情况是怎么样的、事实如何。但大多数边缘型高冲突人格者一开始非常友好、迷人、精力充沛、可爱，可能还很性感。有时，他们可能会特别生某个人的气，甚至把自己想象成一个受害者。他们可能会想要你帮助他们对另一个人进行报复或惩罚，或者通过表现出脆弱或与你惺惺相惜来吸引你。甚至你刚刚和他们熟悉，他们就让你照顾并保护他们不受别人（如老板、前任、家人、老朋友）的虐待，然而，你并不认识这些所谓的会虐待他们的人。虐待的故事可能全部是真的，或者部分是真的，或者完全是假的。无论如何，你的生活受其支配显然是不妥的。

如果一个边缘型高冲突人格者想要接近你，那么他的速度一定是惊人的。他没有界限感，完全不考虑你只是他的一个普通朋友或同事。他可能会要求你采取行动反对某人，尽管一开始可能会让你觉得不舒服，但你可能会克服最初的不适感，因为这个人看起来很好或者他很需要别人的忠诚；如果你不这样做，你就会觉得内疚，因为你不自觉地被他的"遭遇"迷惑了，不由自主为他感到难过。这种快速发展的亲密关系往往暗示着他既会快速开始一段关系，也会快速结束一段关系。

这就是为什么你在与他人确定重要关系（譬如结婚、商业合作或长期投资）之前，观察一年是非常必要的。如果你怀疑对方可能是边缘型高冲突人格者，那么你可以先使用 WEB 策略判断一下。

1. **话语识别**。和所有高冲突人格一样，注意那些"要么全有，要么全无"的极端言辞。"人们总是抛弃我"或者"人们总是利用我,但现在我要捍卫自己的权力并反击",这是许多高冲突人格者迷惑别人的诱饵。这些说法会吸引你支持他们,因为你相信他们在经历了长期的虐待后终于变得坚强起来了。不过,随着时间的推移,你会发现他们一直都很坚强,他们自己才是施虐者,他们只是错误地觉得自己是受害者而已。虽然我是一名心理咨询师和律师,但我也曾被边缘型高冲突人格者这样的说法蒙蔽过几次。

对他人的强烈怨恨或强烈恐惧是边缘型高冲突人格的另一常见特征,也是他们情绪难以控制的一种表现。需要注意的是,他们说别人的话可能有一天也会用来对付你。他们有一种倾向,即先把别人理想化地捧上神坛,然后再让他们跌落下来。如果他说他相信你在某方面是最好的,那么你千万别认同这种说法;相反,你要强调你是多么普通,然后考虑远离而不是靠近他。

2. 情绪识别。边缘型高冲突人格者容易对他们关注的人迸发出强烈的情感。起初,这种情感是非常积极的,你可能会因为他们毫不掩饰地欣赏你而感到兴奋。但请记住,就像自恋型高冲突人格者一样,极度的迷人、极度的关注、极度的喜爱和关爱都可能是潜在的危险迹象。

你要如何区分边缘型人格者对你的欣赏和在爱情(或友情)中人们对你的欣赏呢?很简单,花点时间观察一下。你偶尔离开一下那个人,看看会发生什么——通常只有当你们发生重大冲突时,你才会发现他们的情绪有多负面。

想要看清楚一段浪漫的关系是持久的真正的爱,还是短暂而强烈的迷恋，通常只需要 12 个月就能让你看清楚这两者之间的不同。

同时，问问你自己，你是否试图去否认你开始看到的负面行为。你通常很难接受高冲突人格者的负面行为，因为不论他们是恋人、员工、老板（比如米兰达·普利斯特利）还是朋友，他们都很会激发你强烈的积极情绪，而这通常会让你意识不到边缘型高冲突人格者即将带给你带来的危险。比如对你大吼大叫、拿走你的信用卡、打碎对你很重要的东西，甚至打你，等等。这和你之前想象的不同（你认为你们会一直亲密地相处下去）。在任何一段关系中，你都需要停下来思考一下，特别是当你怀疑自己可能正与一个边缘型高冲突人格者相处时。

与边缘型高冲突人格者相处时，你常见的感受有：

- 太紧张了；
- 进展神速；
- 感受到自己的界限不被尊重（包括普通人之间约定俗成的界限和你特别公开提及希望得到尊重的界限）；
- 他们对忠诚的期望让人感到不舒服（他们希望当他们与别人争论时你总是站在他们一边，不准你与他们不喜欢的家人或朋友见面等）。

最后，听听别人的想法。向你信任的人寻求真实的答案：我的邻居真的不负责任或危险吗？我的新员工可能在利用我吗？我的老板是真的难以相处，还是他今天心情不好？我想让我这段令人兴奋的新恋情发展得慢一些到底有没有错？

3. **行为识别**。几年前，一个朋友告诉我，当她和一个喜欢的男人第二次约会时，他们一边走一边讨论一件事。他突然做出了一个出乎意料的反应——轻轻地拍了一下她的屁股。她很惊讶，问他："你这是怎么回事？"他说没什么。除此之外，他看起来是个不错的人，他对她很感兴趣，他们有很多共同之处。但他这样做让她很烦恼，她觉得这是一个越界的行为，但她又不好意思再多说什么。

我告诉她这是一个越界行为。我问她，在她认识的男人中，是不是 90% 的男人第二次约会时都不会这样做？她意识到其他人是不会的——从她以前的经验来看，从来没有人这样做过。我再次表示了认可，因为在我处理过的大多数家庭暴力案件中，消极情绪的身体接触（攻击行为）只会在几周或几个月后才开始发生。90% 的男性都不会做出这种行为，尽管这是轻微的，但这可能是一个高冲突人格者的早期预警信号，这种行为之下可能隐藏着一种身体虐待的倾向。并且，他很快就说没什么，而不是解释他不是故意的，或道歉并感到尴尬。他一点也不尴尬，这表明这种行为对他来说是司空见惯的，这不是一个好的迹象。最终，她不再和他约会了。

我想补充一点，那个与她约会的男人说的话表现出了所有高冲突人格者的一个共同特征：攻击性行为，然后否认这是攻击性行为。这就是一个危险的预警信号。

边缘型高冲突人格者案例分析

在本书的前几章，我们介绍了汤姆和卡拉的情况。下面我们来看一下如何用人格识别技能来发现高冲突人格。

当他们办理结婚手续时，汤姆惊讶地发现卡拉实际上已经 35 岁了。"这是怎么回事儿？"他喊道。"不要担心，"卡拉说道，"你要知道所有的女人都会这样做——谎报自己的年龄。""哦,"汤姆想,"怎么会这样呢?算了,不管怎么说,她的确挺优秀的。"

　　1. 话语识别。这些话语让你感到担忧吗?如果在他们决定结婚后她还谎报自己的年龄,那她还会谎报其他什么呢?并且她没有主动告诉他,而是他自己发现的!

　　也许这看起来没什么大不了的,但结合她很快就催婚来看,我们开始发觉到一些高冲突模式的预警信号。如果没有人格识别技能,大多数人只会孤立地看待一个个事件,并不会发现这种高冲突模式。当使用 WEB 策略时,你就会发现其中的问题。首先就是话语识别,识别出那些表现出消极情绪和极端行为的话语,比如结婚时谎报自己的年龄,90% 的人都不会这样做。

　　他们结婚后,卡拉总是和别人发生冲突。她花了很多时间告诉汤姆那些和她发生冲突的人有多坏。时而她的朋友、家人和同事激怒了她,时而他们又成了她最亲密的伙伴,时而很快他们又成了她的敌人。一周前她还想让汤姆和她一起攻击那些和她发生冲突的人,但她很快就和他们和好了,这让汤姆再次面对她的抱怨时不知如何办才好。

　　2. 情绪识别。汤姆一开始非常相信卡拉,这使得他对婚后出现的越来越明显的预警信号视而不见。她频繁的情绪波动使汤姆越来越感到不安。他发现自己的情绪从替她感到难过到对她感到愤怒,再到对她感到无奈,不停地转变着。如果他当时能够等一年再结婚,他就能对她的情绪波动、冲突和抱怨有所觉察,就会提醒自己要多加注意,从而变得更加慎重。

然而，事实却是汤姆深深地爱上了卡拉。她是派对的主角，她似乎有一种神秘技能，能把他从沉默寡言中解脱出来。在汤姆热烈的追求和卡拉的坚持下，他们从订婚到结婚仅仅用了两个月的时间。

3. 行为识别。从订婚到结婚只用两个月会不会让你觉得非常有压力？因为你没有足够的时间真正了解对方的性格和经历。这是一种危险的行为，虽然并不罕见。的确有很多闪婚的人过得很幸福，他们拥有长达 30 年、40 年、50 年甚至一生的美满婚姻。但问题是，在 30、40 或 50 年前，人格障碍和高冲突人格相对比较少见，正如美国国立卫生研究院的大量样本研究结果表明的那样，在老年群体中，此类障碍者较少。

如果汤姆有人格识别技能，他就会发现卡拉剧烈的情绪波动和典型的边缘型人格的分裂模式——把一些人看成绝对的好人，把另外一些人看成绝对的坏人。在他们相处一年后，有很多迹象表明卡拉是一个边缘型高冲突人格者，但无奈的是，那时他们已经结婚并有了孩子。

如何避开边缘型高冲突人格者

边缘型高冲突人格者通常很快就会暴露出他们的问题，因此许多人可以快速辨识出他们，从而避免与他们走得太近。不管怎样，从现在起抱着谨慎的态度开始一段亲密关系是有益的。不要强迫自己去做那些感觉不舒服的事情；不要试图通过过度关心来缓解他们的焦虑或紧张，比如承诺成为他们最亲密的朋友或会为他们解决所有的问题

（人们经常说这样的话来安抚边缘型高冲突人格者，却在筋疲力尽后不得不抛弃他们）。下面的例子说明了这种压力是如何在工作中表现出来的。

> **案例：边缘型高冲突人格者乔治**
>
> 　　当迈克尔被聘用时，乔治已经在公司干了好几年了。乔治很欢迎他的到来，在他第一天上班的时候，他们一起吃了午饭。迈克尔提议周末一起去看球赛。当周末到来时，迈克尔邀请乔治一起吃了一顿饭。
>
> 　　乔治很享受晚餐和比赛，但觉得迈克尔心情并不是很好。迈克尔讲述了自己的两次婚姻生活，还说了很多高度隐私的细节，以及家人关于孩子问题上的持续不断的冲突。后来，迈克尔提议接下来的周末再一起吃饭看球赛时，乔治感到有些不舒服，但他同意了，因为他不想伤害迈克尔的感情。第二个周末，乔治又听迈克尔讲了很久家长里短的琐事，他感到有些疲惫。因此，当迈克尔再次提议聚会时，乔治表示，他觉得花这么多时间在一起不是很好，建议休息几个周末后再约。迈克尔似乎很失望，但也没有说什么。
>
> 　　在接下来的一周中，迈克尔公开对乔治表示敌意。这时，乔治的一个同事过来对乔治说，他刚收到迈克尔发来的一封奇怪的电子邮件。这封邮件发给了除乔治之外的团队里的每个人，说乔治是个混蛋，还包含了一些不实的信息，并夸大了他们之前周末讨论的事情。

乔治当作什么都没发生，直到他的主管把他和迈克尔一起叫到办公室。迈克尔指责乔治，乔治试图为自己辩护。这位主管说，他希望办公室里停止讨论有关他们之间的任何事情以及不想再收到任何相关的邮件。乔治觉得迈克尔的所作所为对他来说简直是一种羞辱，他觉得自己的水平被迈克尔拉低了。

接下来会发生什么完全取决于办公室的情况。有可能处于迈克尔位置的疑似边缘型高冲突人格者会直接辞职；有可能办公室氛围紧张，每个人都如履薄冰；有可能处在乔治位置的人会向关系最好的同事寻求支持，然后开始感觉好些，而不管迈克尔的情绪如何；有可能经理在与每个人谈话后发现问题都是迈克尔一手造成的，开始意识到他的行为是一个预警信号，于是决定在试用期解雇他。

案例评析

有时候，问题往往出现在一个人身上，这个人常常是高冲突人格者（包括边缘型高冲突人格者），但是很多人不知道应该怎么去警惕和避开这种人。对乔治来说，如果一开始他就知道迈克尔属于边缘型高冲突人格者，就可以在第二个周末感觉不舒服时避开迈克尔，防止关系恶化。

如果他了解边缘型高冲突人格，他就应该避免用太过个人化的借口（花太多时间在一起不是很好）来拒绝迈克尔；相反，他可以说他很忙，或者下个周末有重要的事情要处理（现在大多数人都采用这种借口）。对于边缘型高冲突人格者来说，避免使用个人化的借口是最重要的。

这个例子适用于任何情形，比如与邻居、朋友、恋人相处，等等。我并不是建议你说谎，重点是把拒绝的理由从与高冲突人格者相处的问题上转移到不可抗力的因素上（客观因素导致不能去赴约，而并非个人因素）。边缘型高冲突人格者和大多数高冲突人格者对于公然被拒都十分抵触，最好的办法是慢慢退出关系或一开始就避免太快地卷入关系中。对于边缘型高冲突人格来说，突破界限是一种很常见的行为，所以你要做好迅速逃离的准备。但如果你在一开始就有类似乔治的遭遇，那你就要格外小心了。

如何与边缘型高冲突人格者打交道

如果你要和一个边缘型高冲突人格者保持一段长期的关系，比如他是你家庭的一员，那么你需要花很多精力来处理这段关系，并设定界限来保护自己。我们可以使用 CARS 策略来处理这一问题。

1. **沟通**。通过你的肢体语言和话语来共情，表达出你能理解他们的难处，并希望他们能渡过难关。当他们谈论与他人的冲突，希望你能够赞同他们的观点时，你可以实事求是地说："这听起来很令人沮丧，不过坚持你的选择，相信随着时间的推移，情况会变得越来越好。"这可以帮助你避免卷入纷争（对他们的观点既不表达肯定，也不表达否定）。

2. **分析**。你可以帮他们分析备选方案，并告诉他们每种选择的后果。你可以这样说:"我知道你现在很沮丧,很想和那个人对质,让我们一起看看你有哪些选择,以及每种选择各自的优势。不过你也可能会因为对质而意外地让情况变得更糟。有时候,最好的办法就是让它过去,告诉他们别人怎么看你并不重要。"

3. **回应**。简洁回应所有的误传或充满敌意的信息,使用 BEFF 策略尽快提供真实的信息回应对方。在有大量需要处理的邮件时,这招特别有用。例如,你收到了这样一封充满愤怒的电子邮件:

玛丽亚和安琪拉:如果你们认为团队会容忍迟迟不能按时提交报告,那你们就是在做梦。如果你们耽误了团队项目,我们将永远不会再和你们说话,并会尽一切努力让你们被解雇。——梅格

梅格:我们收到了你的电子邮件。我们和你一样担心团队项目能否按期完成。不过不用担心,虽然我们这一部分推迟了一些,但是我们会在整个项目截止日期(周五)之前完成。我们认为结果应该还不错。——玛丽亚

你可以感受到这两封邮件语气的不同。梅格明显充满敌意,通过她的邮件可以想象到她在生活中的表现。这在边缘型高冲突人格中很常见,他们潜意识里害怕被抛弃(对他们迟迟得不到他们需要的报告而反应过度),同时也存在"单一、极端"的想法("永远不会再和你们说话""让你们被解雇")。虽然拖延在工作中的确是一个问题,但90%的人不会像梅格那么极端。

4. **设定界限**。无论边缘型高冲突人格者是你的同事、家人还是恋人,明确他们对关系的期望值是很有帮助的。在一些事情上,设定明确的界限非常重要,告诉他们:你什么时候有空或什么时候没空;你

能为他们做什么或不能为他们做什么；在他们与他人的冲突（通常有很多）中，你会扮演什么角色或不会扮演什么角色。

态度坚定也很重要。如果你说过要做某事，就要坚持到底；如果你之前早就拒绝过，那就一直坚持说"不"，而不是在压力下屈服（屈服只会让你在未来承受更大的压力）。

在与边缘型高冲突人格者接触的过程中要保持冷静和温和，不要显得太亲近或太疏远。当他们悲伤、害怕或生气时，不要让你的情绪和他们的一样，即使他们的情绪是针对你的。用一种有利于他们平静下来的方式进行交流，而不是随着他们过山车一般的情绪变化而变化。记住，他们的大部分情绪和行为总是伴随着被抛弃的恐惧，所以避免使用"抛弃"这一类具有威胁和暗示的话语，比如"你在这方面很愚蠢"或"如果你再这样下去，我就不和你一起工作了"。虽然用这些话与 90% 的人打交道是行得通的，但对边缘型高冲突人格者来说，这些话很有威胁性，因为这代表着他们将要彻底地失去别人的支持（"你很愚蠢"）或被强烈拒绝（"不与你一起工作"）。也许你会想，他们可以改变自己，改变一下做事的方法又不难，这样不就可以了。但是，他们想的根本不是这些，因为他们听到的只有否定和威胁。如果你打算停止与边缘型高冲突人格障碍者共事，你可以有其他很多方法（详见第 6 章），但不要采用威胁他们的方法。

如何摆脱边缘型高冲突人格者

如果你决定结束一段与边缘型高冲突人格者的关系，那在条件允许的情况下，分步来做是最好的，这样可以避免引发他们对被抛弃的恐惧感。一般来说，最好是逐步退出而不是快速结束这段关系，这样可以让他们在心理上有所缓冲。在沟通过程中要抱有共情、关注和尊重："我要离开这个职位或结束这段关系。我知道这似乎很突然，但我已经考虑了一段时间。我可以和你讨论这件事，并回答任何有关的问题，但我不会改变我的决定。"或者你可以说你很忙，时间不允许，然后就慢慢减少和他们接触，这样不会让他们一下难以接受。

另一方面，你要确保自己不要来回折腾，或者花很多时间解释你减少和他们接触的合理性。这样做就像在他们的伤口上撒盐，让他们更难从失落中走出来。

如果其他人（比如你的家人、邻居或同事）劝你珍惜那段关系，也不要感到惊讶，他们可能只看到了高冲突人格者美好的一面，而没有看到他背后强烈的情绪波动，尤其是愤怒的一面。这虽然会让你感到自己非常不被理解，尤其是当你开始被高冲突人格者虐待，而其他人却没有看到时。不过但请相信你自己，最后大多数人都会支持你。

最后，当你在远离他们的时候，不要期望高冲突人格者还会欣赏你或者念旧情。他们可能要消化对你强烈的负面情绪，才能继续前进。你不能（也不应该试图）去说服他们摆脱沮丧的情绪，你要接受他们的这些感受。但是，如果待在这类人周围会变得更加危险，或者他们仍不停地逼问，那就马上离开！让朋友、亲戚或律师作为你们之间的联系人，这样高冲突人格者就不会知道你在哪里，无法直接联系到你了。

结语

和自恋型高冲突人格者一样,你永远不要告诉边缘型高冲突人格者他们有高冲突人格或有人格障碍,以免他们感到自己被抛弃,从而引发他们最强烈的愤怒和对你的攻击。

记住,你可能很容易成为高冲突人格者的指责对象,尤其对于边缘型高冲突人格者更是如此。他们特别关注紧张和不稳定的关系,并且会把人分为绝对的好人和绝对的坏人两类。即使你们之前的关系再好,一旦你开始远离他们,在他们眼里,你马上就成了一个彻底的坏人。为了避免出现这种情况,最好从一开始就降低他们的期望值并设定好你们之间的界限。

第 6 章

反社会型人格：冷酷的骗子

反社会型人格是最具魅力也是最危险的高冲突人格。虽然通常被当作一种犯罪人格来看，但大多数反社会型人格者并未入狱，这也意味着我们在生活中可能会遇到他们。不过他们的行为是反社会的——违反社会行为标准和法律的，而且可能是极其有害的。

"反社会者"（sociopath）一词通常与"反社会型人格障碍"（antisocial personality disorder）这个词联系在一起，这两个词通常被认为是一个意思。反社会型人格障碍是 DSM-5 中的术语。很多时候，反社会型高冲突人格障碍者就像三岁的孩子，他们渴望在第一时间获得任何他们想要的东西。如果你阻碍了他们，他们会蛮横地将你推开、败坏你的名誉甚至杀了你。他们缺乏共情能力，有些人甚至会以伤害他人为乐。这一点使他们有别于那些不是故意伤害你的人格障碍类型。此类人受支配欲的驱使，他们摧毁你的生活可能只是为了满足他们对你的控制感。

几十年来，心理健康研究人员发现，全世界大概有 3%~4% 的人是反社会型人格障碍者。前几章提到的美国国立卫生研究院大量样本研究发现，在北美约有 3.6% 的人，即约 1300 万人有这种人格障碍。

从性别统计上来看，男性更容易患这种人格障碍。美国国立卫生研究院大量样本研究结果显示，在反社会型人格障碍者中，男性占比74%。当然，在我们的社会中，也有26%的女性反社会型人格障碍者可能成为骗子、小偷和杀人犯。我认为大多数反社会型人格障碍者都拥有高冲突人格，所以不要轻易被形形色色的男女愚弄、迷惑，甚至控制。大多数反社会型高冲突人格障碍者都是以人为其攻击目标。他们中的许多人可能非常有吸引力、令人兴奋和着迷。我见过很多被他们愚弄的人，被骗后自责不已。

虽然一开始你可能不是他们的指责对象，但是如果你妨碍了他们，他们会马上将矛头对准你。同时，他们可能会通过强烈的指责来故意分散你的注意力，将你的注意力转移到他们制造的冲突上，以此为契机偷窃或欺骗你。

关于反社会型高冲突人格的基本常识

DSM-5 为诊断反社会型人格障碍提供了七种特征作为参考。以下是反社会型高冲突人格障碍者的关键特征：

- 经常违反社会规则、规章和法律，并毫无悔意；
- 不诚实，经常撒谎、欺骗他人以得到他们想要的东西；
- 强烈的支配欲。

总之，反社会型高冲突人格者喜欢支配和控制他人，他们会极力抵制任何让他们感到自己被支配的情况。

这种极强的支配欲似乎与反社会型人格障碍者特殊的生理反应有

关。例如，当他们在打架或与人对抗时，他们的心率往往会减慢，而大多数人在这种情况下会心跳加速。反社会型人格障碍者似乎很享受这样的过程，也许是因为这会使他们感到自己有机会主导局势，并控制卷入其中的人。

一般来说，他们更渴望参与一场战斗，不愿意退缩，即使这意味着可能会受伤。随着年龄和阅历的增长，其他人变得越来越稳重谨慎，而他们依旧是冒险家，乐于寻求刺激。因此，许多反社会型高冲突人格者不如那些注意躲避高风险状况的人活得久。这可能有助于解释美国国立卫生研究院大量样本研究的结果，即18~29岁年龄段中有超过6%的人有反社会型人格障碍，而65岁以上年龄段中只有0.6%的人有这种人格障碍。

与其他高冲突人格一样，反社会型高冲突人格者在满足支配欲的过程中会反复出现反社会的犯罪行为，让自己的人生走向一条不归路。他们中的许多人一生中大部分时间都在监狱中度过，监狱系统剥夺了他们的控制权和支配权。

然而，在日常生活中，你仍会遇到很多反社会型高冲突人格者，他们遍布于各种职业领域，特别是在有机会支配他人的职业中。他们可能不是罪犯，但会有反社会行为，如经常说谎、冒险（超速行驶、谎报纳税金额、在生意上偷工减料）和欺骗他人（同时娶几个妻子、实施网络诈骗等）。他们中的许多人至今还逍遥法外，至少目前还没有被捕。

令人惊讶的是，反社会型人格者可能是世界上最具魅力的人。事实上，我现在已经将"魅力十足"列为反社会型人格者最常见也是最早出现的预警信号之一。他们经常通过讲述悲伤的、戏剧性的故事来吸引人们,讲述他们是如何被他人或生活环境所迫,然后会真诚地请求你的帮助。他们请求的通常是经济上的帮助,或是借机与其他人(商界、名人或他们心仪的对象)建立社交关系,当然,这些人很可能只是被他们利用的一颗棋子。

反社会型高冲突人格者通常语速很快,他们当着你的面信誓旦旦地说谎,以至于让你对自己的直觉产生了怀疑。这就是为什么他们被称为"富有演技的骗子"。他们会用特有的自信感染你,让你更加相信他们说的话,而不是相信你自己的判断和想法。如果你平时就容易陷入自我怀疑,或者你正处于一个特别脆弱的敏感期,你需要保持警惕,不要被反社会型高冲突人格者利用。

因为反社会型高冲突人格者经常假装脆弱来引诱他人受骗,把人们迷惑得深信不疑,根本意识不到被骗。一旦反社会型高冲突人格者得到了他们想要的,可能会立刻消失,寻找下一个对他们毫无戒心的"猎物"。

反社会型高冲突人格者的两种类型

正如我在本章开头提到的,"反社会者"这个词通常与"反社会人格障碍者"联系在一起,这两个词通常被认为是一个意思。然而,一些学者认为,一些反社会者可能对自己社交圈内的人抱有一定的共情或愧疚感(虽不是对所有人)。因此,反社会者的比例比那些对任何人都缺乏共情和愧疚感的反社会型人格障碍者要高。但是为了教你更好地、全方位地保护自己，我在本书中将反社会者等同于反社会型人格障碍者来看待。

这里还有一个词，心理变态者（psychopath），他们通常也有反社会行为。心理变态者有其独特性，但该类人通常也在反社会人格障碍者的范围内。然而，许多心理健康专家和执法者认为，心理变态者呈现出的反社会行为更加极端。他们的反社会行为包括以伤害他人为乐趣的心理、超强的伤害他人的意愿，以及比反社会型障碍者更强的操纵他人的能力，丝毫没有愧疚之心等。许多连环杀手都是心理变态者，但是有一些心理变态者并不暴力，他们只是拥有极度的操纵欲并残酷无情。心理变态者大约占反社会者的1/4，即约占北美人口的1%，约为360万人。

出于实用性的目的，我发现将反社会型高冲突人格者分成两类比较合适，尽管这两类并不是官方分类：

- **心理变态型反社会者**。这类人可能非常残忍，他们会为了纯粹变态的乐趣而毁掉你的生活，会通过骗人来达到他们不可告人的目的。
- **非心理变态型的反社会者**。这类人通常是骗子，如果你妨碍了他们，他们会马上采取行动，根本不会在乎你会不会因此受伤，但他们或许不会像前一类人那么残忍。

本质上来讲，这两种反社会型高冲突人格者的区别在于他们的反社会动机：他们是否只是单纯地想通过伤害你来达到支配你的目的？还是他们想达到其他目的，在此过程中无意间伤害到你？一般来说，如果你的目标是保证自己的安全，你不需要区分这两者。但你要明白这两者在现实中都存在，所以如果你接触到的人存在这两种动机中的一种，那么你就要小心了。在当前的社会中，我们已经非常了解这两种残忍的人格类型，它们是侦探小说、电视剧、戏剧、电影中常用的素材。然而，当你遇到反社会型高冲突人格者时，你可能并不会马上分辨出他们的类型和典型特征。

许多反社会者表面上过着非常正常的生活，但这往往是个假象，并且你可能在很长一段时间内都不会发现他们是反社会者。他们可能是你的商业伙伴、你的丈夫（或妻子）、你亲切友善的邻居，或者你身边的任何一个人。

让我们来看看两个截然不同的广为人知的真实案例，它们都体现了反社会人格或反社会型高冲突人格的特征。

> **案例：心理变态型反社会者泰德·邦迪**
>
> 泰德·邦迪（Ted Bundy）是20世纪70~80年代美国的连环杀手。根据联邦调查局估计，他至少杀害了36名年轻女性（他吹嘘说是136名）。他杀死的女人有一些共同的特征，比如都留着类似的发型，而且都是好人，都愿意帮助处在困境的陌生人。邦迪通过欺骗来蒙蔽受害者，并且每一次都得逞了：他先在胳膊或腿上打上石膏，夹着几本书穿过大学校园（他曾是一名法律系的学生）。然后他会接近孤身一人的年轻女子，假装不小心把书撒在了地上，请那名年轻女子帮他把书放到车上。一旦她靠近开着的车门，他就会把她推进车里并迅速开车逃离。因为谋杀一名12岁的小女孩等一系列的指控，邦迪在1989年被判处死刑。

他的骗术很高明，他的骗术之所以能奏效很大程度上源于在本书中讨论过的那些正常的人类反应。我们通常会选择信任陌生人，尤其是那些和我们一样或看起来没有威胁且需要帮助的陌生人。但我想提醒一句，很多看似正常的反社会者都是在不经意间欺骗你的，比如他们在让你看向别处时，趁机偷走你的钱包。

就像邦迪案的受害者一样，你通常没有时间去思考和他相遇是否是个设计好的骗局，因为事情紧急且对方看上去弱小又无辜。当在偶然相逢中一个陌生人请求你给予帮助时，我们通常不会觉得有危险。

安·鲁尔（Ann Rule）曾经偶遇曾经同在危机热线工作过的邦迪。多年后，她谈起邦迪时说："我相信，邦迪是一个虐待狂、反社会者，他的快乐是建立在给他人造成的痛苦和控制上……"通过她对邦迪的了解和全面报道，她写的书《我身边的陌生人》(The Stranger Beside Me) 成为畅销书。很少有人能像她这样了解他，然而，在他们一起工作的那几年，她竟然从未感到他的威胁，直到她发现他是一个连环杀手。

邦迪拥有一个混乱不堪的童年。由于他是私生子，他出生后的前三个月是在一个未婚妈妈救助机构里度过的，他的生母赶回家找她自己的父母商量该怎么办。之后邦迪被带回家和他的母亲及外祖父母住在一起，不过，他的外祖父脾气十分暴躁，经常恐吓家人，虐待动物。

在这种背景下，我们很难判断他究竟是因为遗传了部分反社会基因，天生被植入了极端的变态心理，还是因为悲惨的童年生活泯灭了他的良知，开启了他的暴力人生。心理变态人格可能是先天遗传，从出生就存在的，但它在童年和青少年时期的发展往往会受到环境的影响。尽管心理变态者只占总人口的1%左右，但他们可能会造成伤害，特别是在他们的心理变态人格在年轻时就得到强化的情况下。

> **案例：非心理变态型反社会者伯纳德·麦道夫**
>
> 伯尼·麦道夫（Bernie Madoff）经营一家股票投资公司长达30年之久，直到2008年他才告诉家人和公司员工，整个公司的经营其实是一场精心设计的庞氏骗局（A Ponzi Scheme）[①]。他打着投资股市的幌子，获得数十亿美元的融资，却把这些钱都花在了奢华的生活上。他的妻子、已成年的孩子（在公司工作）、兄弟和许多朋友都参与了他的生意，并从他骗来的财富中受益。他欺骗了所有人，包括华尔街和整个国家的投资者。这些投资者中有慈善机构、养老基金机构，以及在骗局被曝光后失去毕生积蓄的个人投资者。

麦道夫是像泰德·邦迪一样的心理变态者吗？大概率不是。在他被捕后，他供述曾多次试图阻止自己（如果你相信他的说法），但最终他还是忍不住继续了他的计划。没有证据可以表明他原本的目的

[①] 一种金融领域投资诈骗。利用新投资人的钱来向已有投资者支付利息和短期回报，以制造赚钱的假象而骗取更多的投资。——译者注

是使这些受害者陷入绝境。但事实上，他的行为造成了极其严重的后果。

他是反社会者吗？很多人说他是。麦道夫似乎是一个反社会者的例子，但他并不是心理变态者。不像邦迪，他似乎是那种不想伤害任何人的人，甚至可能会为自己的行为感到懊悔，但就是无法控制自己。在他因罪行被揭露被捕的两年后，他的一个儿子自杀了，然后，他的妻子和他断绝了往来，从那以后再也没和他有过任何联系。

针对此案件，人们经常问的一个问题是，他的家人是否知道这是一个庞氏骗局。麦道夫的家人和麦道夫是一伙的吗？麦道夫的家人强烈否认，并且我也认为他们可能并不知道真相。正如本章前面讨论的，反社会者通过欺诈的手段来得到他们想要的东西。如果麦道夫设计了一个精密、可复制的欺骗模式，那么他很可能欺骗了包括他家人在内的所有人。

当然，确实会有一些雇员知道这个骗局，因为麦道夫必须借助他人帮助才能实施他的计划。有一种可能性是这些知情雇员本身也可能是反社会者，有许多犯罪案例里都是几个反社会者一起工作（这点可见于许多以真实案例改编的抢劫电影或电视剧）；还有一种可能，就是有些人非常依赖充满激情和魅力的反社会者，想要接近和取悦他们，即使他们的代价是要从事高风险的违法活动。当一个反社会者在推动一个惊天骗局时，这两种可能性都很常见。当然，金钱、权力、出国旅行的承诺也可以促使知情雇员从事违法活动。但通常情况下，与长期可以待在极端反社会者身边带给他们的兴奋感相比，物质的诱惑并不重要。

在帮助女性与反社会型男性离婚时，我同样见识过类似的情况。这些反社会型男性从来没有露出任何马脚，直到一些隐秘的生活习惯被暴露或在离婚时被发现了可疑的财务状况。许多夫妻结婚多年，丈夫每天假装去上班，但实际上他们正在实施诈骗或从妻子的家族企业中偷东西。这些骗子在他们的生活中要弄每个人，并一直持续这样做，尽管这常常使他们最终尝到苦果，就像伯纳德·麦道夫那样。

如何识别反社会型高冲突人格者

反社会型高冲突人格者存在于每种职业、社会团体和文化群体中，但他们特别喜欢那些能支配和操纵他人的行业，如政客、警察、律师、销售和商人。当然，他们的工作性质会使得他们的反社会行为更易逃避惩罚。

反社会型高冲突人格者很少露出马脚，因为他们花费了很多时间和精力在选择目标和掩盖真实意图上。他们会把单纯的和脆弱的人——特别是那些愿意为他人提供帮助和容易轻信他人的人，作为他们的主要目标。因此，与其时刻关注身边的不良行为，不如将那些过度亲善（似乎好得让人难以置信）的行为视为反社会型高冲突人格者出现的预警信号，留意那些他人看似向你求助实则操纵你的迹象，就像泰德·邦迪那样。小心那些你并不了解却想让你过度帮助他们的人。

当然，当你在帮助他们的时候，应该警惕被欺骗的可能性，或者不要单独一个人去帮助他人以免被伤害。总之，建议你谨慎一些，虽然这些建议听上去好像有点"过"了，但是多一些戒心可以避免让你成为坏人的"目标"。当你知道即便可能会处于危险境地，仍想要帮助某个陌生人时，请先运用 WEB 策略识别一下对方的身份。

1. 话语识别。首先，你不要百分之百地相信任何人。你要反复斟酌那些听起来奇怪或极端的事情，对那些总是强调"请相信我"的人保持警惕。

小心那些夸赞你有多好或者夸赞他们自己有多好的这类充满诱惑的话语。我的同事曾经和一个男人约会，这个男人自称是最好的父亲、最乐善好施的人，以至于她刚开始时称呼他为"完美先生"。当然，他最终被证实是个控制欲极强、谎话连篇并即将破产的人。"完美先生"本身就是个明显的预警信号——好得令人难以置信。

同时，我们也要小心"受害者"的故事。没错，的确有许多真正的受害者，他们需要我们的帮助。但是我们在决定投入资源或者冒着风险去帮助别人之前，一定要弄清楚整件事情的来龙去脉。因为反社会型高冲突人格者最有效的操纵方式之一，就是假装他们是各种各样的受害者，比如邦迪说自己的腿断了，迫切需要你的帮助。

小心那些直击你心灵的绝望的话。比如："你是唯一真正了解我的人，你得帮帮我。""我现在很危险，你得帮帮我，而且不要告诉任何人你去哪儿了。"

小心那些对你极其负面的评价。比如："如果你足够聪明，你就会去做这件事。""你到底有什么好担心的？""你注定一事无成。""没有人能指望得上你。"这些刺耳、难听的话是为了让你出于内疚或羞愧而为他们做一些事情。

小心他们说的那些自相矛盾的话。反社会型高冲突人格者会习惯性地撒谎——习惯到可能让你注意不到他们的前后矛盾之处，甚至让你产生自我怀疑。他们经常自相矛盾，或者在讲一个完全虚构的故事时出现破绽，这些都是很常见的。你可能会发现他们的矛盾之处，质问他们，结果会得到一个听起来似乎合理的解释。听完他们的解释后，大多数人会认为是自己刚才记错了或听错了。这就是他们欺骗你的方式，让你产生自我怀疑，相信他们的解释而不相信自己之前听到的内容。

小心他们有关绝密行动的说辞。反社会者经常告诉别人他们在联邦调查局、中央情报局、国家安全局或其他权威的政府机构工作。他们说自己正在（或曾经）参与一项绝密的行动，所以要从你的生活中消失一段时间，并且由于涉及国家机密，他们无法和你谈论具体的行动细节。然后，他们可能会利用这段消失的时间去从事犯罪活动，或去陪伴他们极力隐瞒的另一个家庭。保持神秘能够让他们在生活中获得完全的自由，也可以让他们有机会与不同的伴侣或合伙人保持联系，还能满足他们在经济、职业、性或其他方面的需求。告诉你他们在最权威的政府机构工作可以避免周围人问任何相关问题，还能加深他在你心目中的印象。

2. 情绪识别。相信自己的直觉。虽然直觉不总是准确的，但请时时关注它们。以下是你可能对反社会型高冲突人格者产生的直觉：

- 这个新认识的朋友让我感到非常兴奋，因为他说我们会成为超级富豪，将来能出国旅行，能认识顶尖的大人物，等等；
- 我莫名地感到害怕，一定是我反应过度了；

- 我为自己怀疑这个人而感到愚蠢和羞愧；
- 他告诉我的信息使我感到孤立无助，因为这个信息太让人震撼了，他不允许我对任何人谈起它；
- 我感到自己与朋友、家人及外界隔绝了，但他说这只是暂时的；
- 我对这个人屡次缺席的借口感到有些怀疑；
- 我感觉自己像是被他捕食的猎物，但我不知道为什么会有这种感觉。

和遇到其他高冲突人格者的情况一样，要时刻留意他们的极端情绪。大多数人格健康者充满了积极情绪，不会异常或频繁地出现极端情绪。极端情绪是个预警信号，当它出现时，你需要经常和能给你有效建议的人分享你的感受。

3. 行为识别。反社会型高冲突人格者可能有长期的极端行为史。如果你的直觉告诉你对方不可信，你可以用搜索引擎搜索一下他们的信息或通过公开的法庭记录搜一下他们的记录。很多反社会型高冲突人格障碍者都曾有过刑事犯罪史，他们自己不会告诉你。即使他们没有刑事犯罪，也有可能会有涉及民事纠纷的历史。大多数人会尽量避免上法庭，但反社会者往往喜欢诉讼他人，因为法庭诉讼的过程让他们有机会使受害者感到被支配。一方面，在法庭上，他们可以公开指责别人；另一方面，反社会者由于财务问题、鲁莽行为、威胁性言论、偶发的暴力行为以及违约，也经常被他人起诉。

90% 的人不会像反社会者一样有支配和欺骗他人的历史。支配和欺骗他人是反社会型高冲突人格者一个很重要的特征。许多反社会者都有欠付违规停车罚单和交通罚单的历史，正如我在几起法律案件中看到的，他们似乎很喜欢违反那些让他们可以逃脱惩罚的规则，并不是说罚单无关紧要，而是他们喜欢这种可以轻易欠付罚款却不会被抓起来（他们自己是这么认为的）的兴奋感。正是冒险的兴奋感让他们做出了这种反社会的行为。

这类人是否会置你或你的金钱和名誉而不顾，要求你加入他们的计划、商业交易、漫长的浪漫旅行或其他活动？

对方是否能够接受你对他们的要求说"不"？

即使你不认识他们，他们是否也希望你冒险为他们做事？比如借钱给他们，帮他们打个电话或替他们跑腿？然而，90%的人会尊重你设定的交往边界，让你在慷慨相助之前有充足的时间对他们进行了解。

注意，无论出于什么原因，当你被别人告知要断绝与朋友和家人的联系时，都应该保持警惕，这是另一个遇到反社会型高冲突人格者的预警信号。他们希望你的生活只围绕着他们转，然而，90%的人都希望你有朋友，多陪伴家人。

在工作中，如果有人经常无缘无故缺勤或不按时完成任务，然后找一大堆不切实际的借口进行搪塞，那么你要对这个人保持警惕。请注意单位的库存是否减少，同时要设立严密的管理系统，这样一来，如果这些反社会型高冲突人格者窃取机密信息、财物、知识产权或组织信息，就不会逍遥法外了。至于新员工，要考察一段时间后再向他们提供敏感信息或敏感信息权限，因为反社会型高冲突人格可能需要长达一年的时间才会彻底暴露出来。

如何避开反社会型高冲突人格者

反社会者特别擅长操纵他人，所以你要做好提前准备。

自信地对前文提到的那些让你感到不适的人说"不"，尤其当他们承诺要给你全世界的时候。

不要过度乐于助人。不要做一些可能会上当受骗的事情，比如把钱借给不熟悉的人、对他们泄露自己的个人信息等。事实上，即使是和你认识很长时间的人，你也要设定合理的交往界限，因为你可能并不完全了解他们。如果你的直觉告诉你，有些事和人不太对劲，那么一定要仔细调查一下。

当然，我并不是想让你患上被害妄想症。反社会型高冲突人格者在总人口中占比略低于4%，也就是说每25个人中才会出现一个。不过话说回来，你认识的人肯定远远不止25个。

改过自新的囚犯

还记得本书开头我们讲到的改过自新的囚犯的故事吗？让我们看一下如何运用人格识别技能来提前识别出高冲突人格者。

我们从他的话语、情绪和行为三个方面来分别看一下。

一位记者最终发现，那些让人印象深刻的房屋火灾照片与保罗或他认识的任何人都毫无关系。但教会的部分教友拒绝接受这个结果，并愤然离开了教会。过了很久教会的一切才恢复正常。

1. **话语识别**。我们不知道保罗用了什么话术来向教会的教友要钱。显然，他说服了一半的教友相信他，但没说服另一半。通常，高冲突人格者的支持者都是偏感性的人，而反对者都是偏理性的人。

保罗 19 岁时在一家便利店抢劫了 350 美元，三天后被警方逮捕，并在被判持械抢劫罪后，被送进了监狱。在监狱中，他洗心革面，凭努力获得了高中同等学历证书，还帮助辅导其他囚犯。

出狱后，他加入了一个教会，教会的教友接纳了他。他同样也为教会的教友做了一些好事。

2. 行为识别。保罗 19 岁时曾持枪抢劫过一家便利店，给店里的人带来了生命安全威胁。90% 的人会这么做吗？他是被迫这么做吗？年轻，不成熟？不！90% 的人永远不会冒险这么做。没错，他当时很年轻，可能会随着年龄的增长变得越来越好。但持枪抢劫是极端的反社会行为，所以他具有反社会人格的概率非常高。

然而，没过多久，他就开始告诉教会的教友，他需要捐款给远方的表亲，因为他表亲的房子毁于一场大火。他还把火灾后的照片分享给每一个他请求捐赠的人。

很快教会的教友就分成了两派，一派坚定相信保罗，为他辩护；另一派认为他本性难移，在欺骗他们。在一次教会的内部会议上，两派成员势不两立、吵得不可开交，一些人甚至威胁说，如果保罗被教会开除，他们也会一同离开——不过最终还是保罗离开了教会。

3. 情绪识别。我猜想，当保罗请求教会成员捐款重建他表亲的房子时，很多人会心生疑虑。毕竟，在加入教会时他就告诉了大家他的犯罪史。

此外，教会的教友在捐款问题上气愤地"分裂"成两派。当你看到一个组织发生如此严重的情绪分裂时，通常表明这个组织内存在一个高冲突人格者。情绪是会传染的，高冲突的情绪具有高度的传染性。

拥有强大的人格识别技能的人可能会因为保罗过去的极端行为而心生警惕，大多数组织可能都不想冒险接纳这样的人。但有些组织（比如教会），接纳拥有不良过去的人是它的使命之一。另外，也有一些公司专门雇用出狱的囚犯，但他们有具体详细的管理规则和流程，用于防止问题的出现。

让我们来看看管理反社会型高冲突人格者的大致原则，并探索如何利用这些原则来更好地应对像保罗这样的人。

如何与反社会型高冲突人格者打交道

就像对待其他人格者一样，当你意识到你正在与一个反社会型高冲突人格者打交道时，可以使用 CARS 策略来应对他们。

1. 沟通。首先，要抱着共情、关注和尊重的态度来与他们沟通，但不要把太多的精力放在共情和关心反社会者上，以防他们会试图利用你的共情和关心来操纵你为他们做事。相反，要强调尊重：对他们做的好事表示尊重，并表达你想要尊重他们的意愿以及你想要他们也尊重你的意愿。但也不要做得太过，因为这样会让他们想方设法操纵和挑战你。你只需实事求是地表达你的尊重，然后分析他们现在需要做出的选择。

对于保罗，教会主教和教会的教友可以接纳他，但不能过分同情他悲惨的过去，而是要尊重他改过自新的过程中付出的努力。如果对他反社会的过去有太多的共情，会助长他操纵他人的倾向；相反，要多关注他的积极行为。

2. 分析。要帮助反社会型高冲突人格者分析每种选择的利弊。告诉反社会型高冲突人格者他们拥有选择的权力，要选择哪条路完全取决于他们自己，哪怕他们的选择看起来并不怎么样。你可以这样说："你可能没有意识到，如果你这样做了，你会进监狱。当然，这是你的选择，由你决定。"至于保罗，教会主教本可以向他说明，入会第一年是考察期，考察期内他不能做任何反社会的事情，其中包括不能讲述监狱生活中那些富有戏剧性的打斗的事；不能向教会的教友索取帮助、借钱等；找一位特定的牧师每周进行自我反思。如果他没有做到这些要求中的任何一个，他就必须离开教会。主教应告诉他这完全取决于他自己。当然，你可能会想，他会不会打算熬过一年之后，再去做反社会的事情。一般来说，反社会者没有耐心等待那么久，如果他们想要重蹈覆辙，就会参加其他的社会团体。

3. 回应。对反社会型高冲突人格者的谎言和操纵行为做出简洁明了的回应。事实上，如果你能预料到对方要说什么，你应该提前准备一些回答，但是不要浪费时间试图规劝反社会型高冲突人格者改邪归正。反社会型高冲突人格者善于欺骗他人，是很难被他人说服的。警惕他们花样百出的借口、迷惑人心的诉说和让人心生怜悯的倾诉。

保罗可能会说，请求教会的教友捐款不存在任何问题，因为钱是给他远方表兄的。教会主教应该给他一个 BIFF 式的回应。假设教会已经设置了刚才所说的"观察期"，对话可能是这样的："我知道你可能会有看法，但它的确属于可疑事件的范围，所以请不要这样做。我们想帮助你在这里获得成功。"内容简洁、信息充分、友好而坚定地回答他。

4. 设定界限。最后，设定界限通常是应对反社会型高冲突人格者最重要的手段。当提出要设定交往界限时，须做好充分准备并坚定立场，因为他们会试图说服你放弃任何你给他们设置的界限，并将你的注意力转移到指责他人行为（包括你自己的行为）上。记住，所有的高冲突人格者都是这样做的，因为他们总是把注意力放在指责别人上。但反社会型高冲突人格者会用更强烈、更极端的谎言来达到他们的目的，因为他们缺乏愧疚之心。

他们的话一般很简短，例如"如果你不照着我说的做，我就会解雇你/和你离婚/起诉你……但我希望事情不要发展到那一步，这一切完全取决于你"，并拒绝和你争论。记住把制度和条例作为设定交往界限的基础，这样才不会让他觉得你是在和他讨价还价，告诉他这是我们都必须遵守的规则。

通常反社会型高冲突人格者会有他们的支持者（比如他们的家人、朋友和专业人士）为他们辩护，并试图说服你，让你觉得自己对他们不公平，或者是你自己反应过度，对一个好人说了非常不妥的话。所以，在设定交往界限时不要一个人——请利用好外部的资源，邀请你的领导和信任的朋友来支持你。

对反社会型高冲突人格者设定交往界限可能是极其困难的，通常需要专业人士的协助。你需要就你所面临的问题咨询一位律师或这方面的专家，因为反社会型高冲突人格者的许多行为往往会涉及法律的灰色地带。作为他们的老板、搭档或邻居，甚至其他和他们有关系的人，你要了解你都有哪些合法的选择和注意事项，这往往需要警方或其他权威人士的帮助。

如何摆脱反社会型高冲突人格者

读完这一章后,你可能坚信自己应该摆脱反社会型高冲突人格者,而不是试着继续和他打交道。我同意你这个看法,但你也要小心行事。反社会型高冲突人格者不喜欢被别人支配或羞辱,并且他们会把"拒绝"也当作别人对他们的支配或羞辱。因此,如果他们对你的拒绝做出强烈的反应,你可能会非常危险。

结合自身的情况,你可以一步一步、不伤和气地让他们从你的朋友圈甚至是家庭中消失,或者如果有足够强大的支持,你也可以马上这样做(比如解雇一名员工或是你辞退工作)。重要的是你必须坚持自己的立场。如果你表现得摇摆不定,反社会型高冲突人格者可以很轻易地说服你。当他们成功后,会因为你曾经想要摆脱他们而惩罚你。

根据你的情况,在结束与他们的关系前应好好考虑以下几点建议:

- 准备好支持自己立场的观点和信息,并从朋友或心理咨询师那里获得咨询和支持;
- 练习你要和他们说的话,建立自信,以便你能坚定到底;
- 制订安全保障计划,确保自己的身体、情感和名誉不受伤害;
- 考虑让他人(比如心理咨询师)帮助你慢慢摆脱这段关系,或者让他人(比如小区警卫)帮助你快速结束和他的联系;

- 意识到你无论说什么可能都无法让对方满意；做你该做的，需要时及时执行你的安全保障计划；
- 预测对方的反应。他们过去做过最糟糕的事情是什么？站在这个角度，你也许能看出他们在压力下的反应模式。抱最好的希望，做最坏的打算。

结语

  社会上有各种各样的反社会型高冲突人格者，但你一定要记住，撒谎是他们常用的伎俩，有些反社会型高冲突人格者极度冷酷无情。他们可能是你认识的最有魅力、最有吸引力、最聪明的一群人。他们与其他人（包括大部分其他类型的高冲突人格者）的区别在于，他们潜意识里喜欢并享受通过毁掉别人的生活带给他们的兴奋感。你可能会被他们欺骗，每个人都有可能会上当。除非你准备好了一个行之有效的方法来应对他们，否则最好在第一时间看清楚他们的本性，并尽最大努力避免与他们接触，从一开始就保护自己不受他们的操纵。

第 7 章

偏执型人格：疑心重重

你可能会认为偏执型人格者不会喜欢和他人发生冲突，所以不会有高冲突人格，事实上他们中仍有一小部分是高冲突人格者。偏执型高冲突人格者内心的恐惧来自他们担心被周围的人或权威人士背叛、欺骗或掉进他人的圈套里。这类人去伤害他人，是因为他们认为对方要对自己图谋不轨，从而想要先下手为强。

据美国国立卫生研究院大量样本研究最新公布的关于此类人格障碍的数据表明，美国有4.4%的人，北美约有1600万人有此类人格障碍。尽管这一类型比反社会型人格障碍者比例（3.6%）更高，但我认为有偏执型人格障碍同时又是高冲突人格者的人数更少。偏执型人格者只有少数人与周围人交往时会表现出自信，大多数偏执型人格者其实是缺乏自信的。

此类人格障碍者以女性居多（根据美国国立卫生研究院大量样本研究表明，女性所占的比例为57%）。但从我的个人经验和大量法院上诉案件来看，此类人格障碍中的男性（占比43%）更可能有指责的对象。他们的指责对象通常是组织，比如雇用他们的公司、政府机构或警察局。然而，他们却经常非常无礼地对待这些组织中和他们打交道的人。

此类人格者更倾向于口头攻击。他们可能会散布谣言，起诉老板"毁了"自己的职业生涯，或者指责他人扰乱了自己的生活。事实上，会因为怀疑别人毁了他们的生活（并没有真实的证据）而毁掉别人的生活。然而，他们的怀疑通常是错误的，但是被他们指责的人却会因此遭殃。你无法说服一个偏执型高冲突人格者打消疑虑，当你尝试去说服时，会让他们感到你对他们不满，你的善意也会被曲解。

关于偏执型高冲突人格的基本常识

虽然大部分偏执型人格障碍者可能会对其周围的人抱有高度怀疑的态度，但他们并不会影响到你。只有同时具有偏执型人格障碍和高冲突型人格的人才可能会毁掉你的生活，因为他们会把内心的恐惧归咎于你。

除了具备高冲突人格的四种主要特征外，偏执型高冲突人格者也具有偏执型人格障碍的七种特征性（详见 DSM-5）。我认为以下关键特征导致一些人成了偏执型高冲突人格者：

- 怀疑他人一心想要伤害自己，但事实并非如此；
- 因一些小事或根本不存在的事而耿耿于怀；
- 担心他人（个人或团体）密谋陷害自己或诋毁自己的名誉，且迅速做出愤怒的反应或反击。

严重的偏执型高冲突人格者认为阴谋无处不在，他们担心同事们私下对自己议论纷纷或者试图妨碍他们事业的发展，以及以其他的方式密谋伤害他们；他们担心邻居、邻居家的孩子、警察以及强大的政府机构非法入侵他们的生活；如果他们正处在热恋中，可能会怀疑恋人有外遇，藏私房钱，或者在某些事情上对他们有所隐瞒。许多偏执型高冲突人格者特别喜欢当"键盘侠"，因为在互联网上他们可以匿名骂人。他们还经常利用别人或法律来"回击"他们的指责对象，他们觉得这样的方式是强有力的。

事实上，当偏执型人格者试图拉拢你作为支持者，帮助他们与"密谋反对"的个人或团体（常常是他们误以为的）作战时，有一些点会让你意识到他们可能是偏执型人格者。还有一些时候，你可能意识到并没有人针对他们，这时你会想要停止帮助他们。而他们会认为你已经"叛变"了，你会成为他们阴谋论的一部分，并成为下一个指责对象。

有时适当偏执是有益的，可以让你更加谨慎，帮你避开麻烦，包括避开高冲突人格者。但是，当偏执成为一种持续的功能失调行为模式时，它就会成为人格障碍的一部分。对这种人格障碍者，比较讽刺的是，你不能劝他们说没必要偏执，否则他们会认为你有问题，从而把你归为不值得信任的一类人中。

偏执型高冲突人格者的两种类型

偏执型人格障碍者通常分为两种类型：

- 只有偏执型人格障碍的人；
- 既有偏执型人格障碍又有其他精神障碍（包括偏执性思维）的人。

除第一种偏执型人格障碍外，偏执心理（过度担心或疑心）还有可能与其他几种精神健康问题有关。当一个人把事情看得比实际情况更悲观时，他会患上抑郁症或双相情感障碍。对大多数抑郁症患者来说，偏执只是一种暂时的状态，当他们的抑郁缓解时，偏执的状况往往也会随之缓解。对于那些双相情感障碍者来说，可能需要服用药物才能好转。

更极端的偏执症状可能是精神分裂症的临床表现，它可能会导致患者完全脱离现实，产生幻听或妄想。当然，现在许多精神分裂症患者在药物的帮助下也能过上几乎完全正常的生活。

根据我的个人经验和观察，这些出现其他精神健康问题（如抑郁症、双相情感障碍、精神分裂症等）的人通常不会把注意力集中在他们的指责对象身上，因为比起对别人不满，他们对自己更加不满。然而，对既有偏执型人格障碍又有偏执性思维的人来说，他们有可能指责周围的任何人。下面我们将举两个例子，他们的人格障碍放大了其偏执思维，导致他们与身边的人在生活中产生了很多冲突。

这些案例并没有明确的结论，不同的心理健康专家经诊断得出的结论也不同，但以下这两个案件的主人公都表现出了极度偏执的思维。

案例：偏执型高冲突人格者拉斯特

此案例发生在多年前，是一个真实的法庭案件。这个案例说明了一个偏执型高冲突人格者可能会臆想自己身处危险境地，实际上他自己才是最大的危险源。

阿尔伯特·拉斯特（Albert Lassiter）自1970年起开始担任美国法警局（United States Marshals Service，USMS）副警长，直到1992年因身体不适离职。其上司在拉斯特最后一次的工作书面绩效评估中，将其工作表现评定为优秀、出色。

导致拉斯特离职的一连串事件开始于1990年底。拉斯特怀疑他的老邻居、老邻居的孙子，还有一些不明身份的人正密谋去他家行窃。拉斯特产生疑心是以一系列事件为基础的：例如他观察到各种车经过他家时开始减速；当他接听电话时对方马上挂断，他通过来电显示追踪到这通电话是他邻居的亲戚打来的。

拉斯特联系了切斯特菲尔德县警察局（Chesterfield County Police Department，CCPD）的几名警官，向他们表达了自己的担忧。在一次谈话中，该局的一名警官提醒拉斯特，千万不能私自对"窃贼"开枪。拉斯特则回应说，如果他不能私自对"窃贼"开枪，那么需要警局成立一个重案组随时待命。对拉斯特的疑虑展开调查之后，切斯特菲尔德县警察局发现并不存在任何邪恶的阴谋。

但是拉斯特仍坚信自己家被"窃贼"盯上了。为了揭穿这个所谓的盗窃团伙，拉斯特制造出外出庆祝圣诞节的假象。下班回家后，拉斯特故意把车停在离家很远的地方，从侧门回家。为了制造出自己不在家的假象，拉斯特没有开灯、接电话、收邮件、洗碗、用烤箱做饭，也没有冲马桶。为了防备"窃贼"入室抢劫，拉斯特把枪支放在枪套里，穿上防弹背心，除了数字9和数字1这两个按键，他手机上的所有数字按键都用胶带粘上了，以便紧急情况下可以在黑暗中报警（美国报警电话号码为 911），并准备了另一部能与警局联系的手机。拉斯特通知警局的调度员他将携带一把猎枪和一把自动手枪，并警告警察，窃贼休想从他眼皮子底下溜掉，除非他们踏着他的尸体过去。

为了时刻察觉"窃贼"的动向，拉斯特白天睡觉，晚上保持清醒。1990 年 12 月 23 日下午，警察接到邻居关于拉斯特持有枪支并威胁要杀人的报警电话，警察赶到后，拉斯特将警察拒之门外。第二天凌晨，警局又接到了拉斯特的报警电话。当警察赶到时，他们发现拉斯特身穿防弹背心，佩戴夜视镜，持有一把自动手枪，并携带两弹匣的子弹。警察看到拉斯特家中未清洗的盘子、未冲水的厕所和枪支后，开始担心全副武装的拉斯特会做出更加偏激的行为。后来警察在获得对拉斯特的临时拘留权后，将拉斯特送到韦斯特布鲁克特许医院（Charter Westbrook Hospital）进行精神鉴定。在随后大约三周的时间里，拉斯特仍坚信阴谋论的存在，他假装服用了医生开的药物，因为他不信任这些专门照顾自己的医护人员。最终，拉斯特认定除邻居外，医生、同事、病友包括切斯特菲尔德县警察局的警察和他的药剂师都参与了此次针对他的阴谋。

拉斯特出院两周后，美国法警局安排托马斯·马修斯（Thomas Mathews）医生继续对其进行诊治。拉斯特被确诊患有偏执型人格障碍（妄想症），马修斯医生认为美国法警局尽管尚未终止与拉西特的雇佣关系，但应当剥夺其武器携带权，并禁止其在任何须携带武器的岗位上任职。美国法警局的工作人

> 员向马修斯医生解释美国法警局副警长必须佩戴枪支,而马修斯则建议以拉斯特的健康状况来看,他已不适合继续从事本职工作。
>
> 收到马修斯医生给出的诊断结果后,拉斯特又请来另外三位精神病医生来重新鉴定自己的健康状况。首先,梅尔文·斯特恩(Melvin Stern)医生也诊断拉斯特患有偏执型人格障碍,但认为"拉斯特目前不具威胁性并建议允许他重回工作岗位,以及继续以法警局副警长的身份重新佩戴枪支"。第二位医生朱利安·汉贝克(Juliann Hanback)也认为拉斯特患有偏执型人格障碍,但他建议拉斯特在重新获得携带枪支权利之前应接受精神治疗或定期精神状况评估。第三位医生保罗·特拉维斯(Paul Travis)则建议让偏执型人格障碍专家对拉斯特再进行一次专业的诊断。
>
> 通过对拉斯特的精神医学鉴定结果和1990年拉斯特所引起的一系列反常事件进行综合审慎评估之后,美国法警局于1992年5月决定解除拉斯特副局长的职务。为了安抚拉斯特,美国法警局打算将拉斯特安置到一个不需要携带枪支的行政岗位上。由于最终没有找到多余岗位来安置拉斯特,美国法警局最终还是解除了与拉斯特的雇佣关系。

拉斯特的案例说明了一个高冲突人格者可能有偏执型人格障碍,以及其他的精神健康问题[比如妄想(偏执)症——一种比精神分裂症稍轻一些的精神疾病,它可能会严重影响一个人思考问题的方式]。

如果拉斯特没有引起上述一系列事件，没准他还可以隐藏数月或者数年而不被发现，他在警署稳定地工作了数十年，一般人很难把他和幻听或者妄想这一类的精神疾病患者联系在一起。换句话说，如果你刚刚认识或者和拉斯特共事不久，你很难发现他有人格障碍的问题。

你希望拉斯特携带枪支吗？从这个案例中，你可以看出医生常对偏执型人格障碍的严重程度的判断产生了分歧。两名医生认为他患有偏执型人格障碍，但其中一名医生认为他可以携带枪支，因为他"目前不具有危险性"。问题是人格障碍是长期的、狭隘的行为模式，所以，随着时间的推移，极端行为事件还是会重复上演，虽然中间可能会有一段平静期。

实际上，为了安全起见，应假定极端行为一定会在未来重演，除非这个人接受建议和劝告后，改变了极端的思考问题的方式以及认知行为方式。记住，尽管药物可以缓解焦虑和抑郁，但并不能治疗人格障碍。

如果你意识到有人明显有指责对象（比如他坚信一位年迈的邻居及其家人正密谋在自己家中行窃），你要尽量避免和这种人打交道。

这类例子给我们的启发在于，人格问题是如何给人制造新麻烦的。在这个例子中，拉斯特因为人格问题而失业。你可以看到拉斯特因对自己的错误判断深信不疑而最终伤害到了自己，因为人格障碍让他缺乏必要的自我意识，未能看清问题的根源是自己，而不是被他指责的那个人。

同样，在这个例子中，你也可以看到当一个人因害怕他人试图接近自己而产生非理性的恐惧时有多危险。想象一下，如果他的邻居当时去他家借点什么东西的话，会发生什么不堪设想的后果。

当然，这个例子是比较极端的，但在北美大约有 1600 万人患有这种人格障碍，也许你身边的邻居就有这种偏执型人格者。我并非想让你变得疑神疑鬼，只想尽可能地让你了解这种情形，从而避开这些偏执型人格者或者在和他们打交道时能够谨慎一些。

> **案例：偏执型高冲突人格者莫妮卡**
>
> 回想一下这本书前面提到的乔和莫妮卡的例子。莫妮卡的偏执症状没有拉斯特那么严重，但也足以给身边的人造成巨大困扰了。
>
> 莫妮卡在乔的部门工作了两个月后，向乔抱怨说，有一个同事一直骚扰她，比如他随意评论莫妮卡的穿着，并且与她的对话中带有性暗示。于是，乔把那名叫查尔斯的职员叫进办公室了解情况。
>
> 查尔斯愤怒地回答："什么事都没发生！我几乎没跟她说过话！她看起来总是那么多疑，我一直在尽量避免和她有交集。你认识我三年了，你也知道，我从来不会对女同事评头论足或者说一些有性暗示的话。要知道咱们团队中有一半是女性，如果我是那样的人，其他女员工早就向您告状了！虽然我不知道她为什么会这样说，但我觉得她就是想给别人制造麻烦。"
>
> 虽然乔能够理解查尔斯，但为了保险起见，他告诉查尔斯以后要小心，不要无意中说一些会惹到莫妮卡的话。接下来的几个星期，乔没有听到莫妮卡的抱怨，一切似乎平静了下来。

然而几个月后，莫妮卡在餐厅看到公司内部的一份招聘启事，于是决定去应聘。她请乔做自己的推荐人，乔同意了，尽管乔表示看到工作出色的她这么快要离开部门而去到另一个新的部门感到很遗憾。但后来莫妮卡没有成功应聘到新岗位，她愤怒地质问乔："你居然在背后捅我一刀，妨碍我的事业！"当乔问她发生了什么事时，她回答说，乔故意阻碍她应聘，目的是让她继续留在他那儿工作。

乔回答道："我不可能干这种事，我已经习惯了公司的内部调岗制度，我只是为你离开我们部门而感到遗憾。我推荐你去另一部门应聘，他们没有雇用你，也许是因为他们看重员工在这个岗位上的工作经验而已。我没有兴趣妨碍任何人去别的部门工作，员工内部调换岗位再寻常不过了。"

"你知道，我不想再在这里工作的一部分原因是我一直会收到一些奇怪的邮件，我想这些邮件都是我们部门的同事发来的。他们对我个人情况的了解程度已超过正常尺度，针对这种情况你应该管管。"莫妮卡回答道。

乔问道："你能举个例子吗？"

莫妮卡回答说："你自己来看看吧。"乔来到莫妮卡办公桌前，看了莫妮卡收到的"奇怪邮件"，告诉她这些是垃圾邮件，每个人都会收到。但莫妮卡仍然坚信有人在针对自己。

乔问道："那么，你认为会是谁呢？"

莫妮卡说："我想应该是经常和我一起吃午饭的那群人。他们一看到我就开始窃窃私语，他们肯定在偷偷地议论我。"

乔说："这种说法听上去很牵强，你需要打消这种想法。"

莫妮卡刚工作没到一年，就抱怨一位同事把她的钱包藏了起来，但钱包最后在复印机旁边的角落里找到了。后来她又声称在自己下班后去停车场的路上有一名客户跟踪她，乔很了解这名客户，他严重怀疑莫妮卡说话的真实性。

最后，乔出于无奈，只能解雇莫妮卡，他认为莫妮卡破坏了部门内部的和谐氛围。

莫妮卡后来起诉了公司，特别指出乔歧视员工而且还有几个同事经常骚扰她。不过，莫妮卡最终还是输掉了官司，乔也因诉讼压力而得了胃病，不得不请假休养。乔费尽全力帮助莫妮卡在工作中取得成绩，所以对莫妮卡的行为感到十分寒心。

另外，在莫妮卡被解雇之前，有几个员工也因无法和莫妮卡相处而相继离职了。

如今那个和谐且令人向往的工作团队已不复存在。尽管莫妮卡声称乔在背后捅了她一刀，但其实乔才是受害者。于是乔决定辞掉部门经理一职，重新回到那个低薪的客户销售代表的岗位。后来，乔因为深陷抑郁，在医生的建议下，他开始服用抗抑郁药物。

莫妮卡是高冲突人格者吗？她显然有偏执型人格障碍。她所有的担心虽有可能是真的，但可能性并不高，最终经过调查，她的那些猜疑也没有得到证实。她似乎对她的同事、老板和公司都抱有这样一种猜疑的想法。她的这种思维模式从根本上来讲并非精神分裂症相关的妄想症，她也没有抑郁症和双相情感障碍的迹象。

莫妮卡将矛头指向了她的同事、老板和公司，抱怨他们并表示要起诉他们。我们用高冲突人格者的四个典型特征来判断一下莫妮卡吧。

- 单一、极端的思维方式。她似乎只会用一种思维方式去看待所有的事情——别人要么是想阻碍她的事业发展，要么是想抢她的饭碗。
- 强烈或难以控制的情绪。她总是感情用事，只要她感觉到别人有可能伤害她，不经考证就确信无疑。
- 极端的行为或威胁行为。多次对这么多人进行毫无根据的指控。
- 一味地指责他人。90%的人会不反省是否是自己的问题就直接去指责别人吗？当然不！大多数人会感到不安并先自我反思是不是自己反应过度。如果确认不是自己反应过度，他们就会找一份新的工作来摆脱这种不利的环境；或者把他们的恐惧隐藏起来，以免事情变得更糟，尽力保住自己的工作。

由此，我们不难判断，莫妮卡无疑是高冲突人格者。

如何识别偏执型高冲突人格者

你或许没有意识到自己身边的人有偏执型人格障碍。具有这一人格障碍的人本身就多疑，他们常把自己的担忧隐藏在心里，因此识别这一人格障碍会有一定的难度。和其他类型的高冲突人格类者相比，偏执型高冲突人格者没有明显的宣泄情绪的行为。你或许会通过直觉，或是根据听到的关于他们的奇奇怪怪的故事，或是注意到了他们的不良行为中的预警信号来识别一个人是不是偏执型人格。既然识别这类人格障碍很困难，那我们又应该怎么做呢？我建议大家采用WEB策略。

1. **话语识别**。这个人是否会提醒你："在你看来完全中立的那个人其实是不值得你信任的？"并且，他在提到很多人的真诚坦率、做事的目的或过去的行为时是否都使用过极端的词语？例如，他会说："你不能相信某人，不要问我为什么，我就是知道。""你知道彼得在那边干吗？他想要取代你，提防他点。"如果你根据自己的经验判断并不是这样的，那这就是一个危险信号之一。

不过，适当的偏执也可能是有益的。它会提醒你某人可能真的很危险，你会提高警惕而不会轻易地忽视威胁。但还是要尽可能核实一下情况，弄清楚这个人是真的比你想象的更危险还是你想得太多了。

2. **情绪识别**。这个人给你一种什么样的感觉？有时，我们待在一个偏执型高冲突人格者身边时会感到不舒服，因为他对一些正常事情的反应过于夸张或不妥。例如，他们会说："某某挺可怕的，你就等着瞧吧，只要一有机会他就会伤害你。""我敢肯定弗蕾达和老板有一腿。你注意到她看老板的眼神了吗？我觉得老板迟早会提拔她。"你也可能会觉得某人（或某事）没有威胁性但和他在一起就是很有心理压力。请留意一下这种情况只是偶然发生的，还是他身上的一种常见模式？

是否在同样的情景下其他人都表现正常，而这个人却表现出明显的担忧迹象？在偏执型人格者身边，你可能也会感到担忧，因为他们似乎经常紧张不安，并且希望你也过激地看待他们的指责对象。就像反社会型高冲突人格者一样，我们也可能会对身边的偏执型高冲突人格者感到恐惧，因为他们会希望我们做一些极端的、我们并不认可的事情。

3. 行为识别。很多性格有些偏执的普通人，多少还是会有意地避免和其他人发生冲突或避开容易起冲突的状况，但是偏执型高冲突人格者却经常会因为别人的威胁或无礼而和他人发生冲突。一个疑心重重的高冲突人格者会通过不顾一切地攻击他们怀疑的对象来达到保护自己的目的。

这种人是否会去做90%的人都不会去做的事，比如，指责同事偷了他们的钱包、在他们的食物中下毒或发送恐吓邮件？这可能很难判断，因为一开始你可能并不知道他们说的这些恐怖的事情是不是真的。最关键的是你要去发现他们的思维模式并且验证。

拉斯特的案例就是一个很好的例子，说明了偏执思维会让一个人变得多么危险。90%的人永远不会像拉斯特那样时刻准备与邻居战斗。一旦这种极端行为发生了，就应清楚地认识到，这种情况还会发生，并且再次发生时后果有可能不堪设想。

工作时，有些人会因为自己的恐惧而形成一种古怪的行为模式。当一名员工在一种看似不合理的情况下说他的钱包被偷时，这可能是事实，但也许是他偏执的一种表现。如果当这个人说很多奇怪的事情不断发生在他身上，而这些事情从来没有在别人身上发生过，或者后来被证明了是假的时,那么这可能就是一种偏执的思维模式。你应该把它看作提醒你谨慎的预警信号。否则,他们下一个要对准的目标可能就是你。

如何避开偏执型高冲突人格者

现在,你已经大致了解了偏执型人格的行为特征,从表面上去识别他们是有一定难度的。因此,你需要把关于某人的过度担忧或大惊小怪的行为信息拼凑起来,通过这种方式来识别这一人格。

如果你认为某人有过度的担忧或很难信任别人,那么请在感情上和他保持距离,不要被他说的疑神疑鬼的话干扰。你可以实事求是地告诉他"这听起来真的很不寻常/可怕",或"这种事要避免"。不要试图说他偏激、判断错误或不理智。这会增加他对你的担忧,从而增加你成为他的指责对象的可能性。如果你被一个偏执型人格障碍者盯上,他会开始对你猜疑,出于保护自己的目的而伤害你。

高冲突人格者可能会因为自己的偏执影响到其所在的政治、宗教或文化团体,因为他们会以一种僵化的"敌我两派"的思维方式来对待组织外人员。所以,这些团体中的领导者和其他成员要对这些偏执型人格者的对外言辞和话术保持高度警惕,因为这些言辞可能会被误读,加深人们的偏见,并可能被用作伤害其他组织外成员的借口。

同样道理,你应该避免卷入别人的"复仇"计划里,如果他们想追求公正、保护自己或"报仇",那就鼓励他们寻求专业人士(比如律师、心理咨询师或警察）的帮助。否则，你在帮助他们的同时可能会伤害到无辜。

如何与偏执型高冲突人格者打交道

与其他类型的高冲突人格者相处方法一样，按照 CARS 策略的步骤与偏执型高冲突人格者相处：沟通、深度分析、回应他们和约法三章。我们来看看乔如果用 CARS 策略该怎么来应对莫妮卡。

1. **沟通**。虽然对于其他类型的高冲突人格者来说沟通通常是第一步，但那些偏执型人格者可能会把你努力去表达的善意当作一种威胁。如果他们已经对你产生了固定的印象，用共情、关注和尊重的方式来安抚他们只会加重他们的疑心。不妨试着这么对他们说："我知道你现在焦虑不安，但不要花太多时间在那些不想和你交往的人身上。"

无论你做什么，都不要试图否定他们的担忧，也不要暗示他们的怀疑可能是正确的，这样会强化他们的偏执；相反，你可以说："我不知道发生了什么，因为我不在现场。"既不否定也不肯定他们对某一事件的偏执认知，尽可能让整个沟通变得中立。

站在莫妮卡的角度，乔对莫妮卡的离开感到难过。但莫妮卡对此理解得十分负面，她认为乔想阻挡她前进的道路。在这种情况下，乔一定不要再抱着共情、关注和尊重的态度与她进行沟通了，所以直接跳到"分析"这一步吧。

2. **分析**。总的来说，最好将注意力马上转移到帮助偏执型人格者分析他需要面对的状况上。如果你认为自己正在和一个偏执型人格者打交道,但你并非他的指责对象,你可以试着这么说:"这听起来真的很有压力。可惜我当时并不在现场,所以我们还是一起分析看看吧。"

站在乔的角度,当莫妮卡告诉他收到恐吓邮件、钱包不翼而飞以及遭到客户跟踪时,乔可以这样说:"这的确不寻常,不过对于任何事件总有多种解释角度。或许有人把你的钱包错当成了他自己的了,也有可能你把它落在别的地方了,或者清洁工把它当垃圾给清理了。"这样说的话比告诉她她的观点很牵强,让她放弃自己的观点要好一些。不过如果他们的关系很好的话,比如他们在一起工作了相当长的时间,或者他是莫妮卡非常信赖的人,乔原本说的那些话也许可以被莫妮卡理解和接受。

以我的经验来看,对一个偏执的人来说,说某件事"不寻常"对他并没有太大的威胁性,这也不会加深他的偏执,并有可能会引导他通过多种角度去看待某件事。在莫妮卡看来,这是一个信号,表明乔不打算鼓励她的偏执思维。

3. **回应**。如果一个人已经表现出偏执,不要花精力去说服他不要担忧——这只会使他对你更加怀疑,因为你在否定他。在他的人生中不断有人这么劝告他,所以这种说服的方式会让他更加敏感;相反地,你要向他表达一种简洁明了的观点,但不能把观点强加给他。

我给乔的建议在这里也同样适用:"这件事听上去很不寻常,对于任何事件,总是有很多种可能,只是我们有时想不到罢了。"这种委婉的表达不赞同方式对乔来说很容易做到，也不会引发莫妮卡更多的戒心。

4. 设定界限。无论你是否是偏执型人格者的指责对象，在与他们打交道时态度都要尽量友好，把注意力放到约法三章上，通过设定规则来规范你们之间的行为，同时遇到问题时要尽量站在客观的角度去帮助对方解释。比如，你可以这样说："我知道你很沮丧，但这是我们大家都必须遵守的规则。""我理解你的意思，但如果我们不能证明这件事情的真实性，我们就没办法追究。"

最重要的是，不要直接批评偏执型人格者，不要企图用这种方法让他们改变自己的行为。因为他们已经起了疑心，在防御状态中，他们是听不进去你的看法的；相反，他们感受到的只是你对他们的否定。

乔也曾经试图通过加强公司的管理来打消莫妮卡内心对恐吓邮件、钱包失窃以及客户尾随事件的疑虑。乔还告诉她"别想这些事情"，以他的语气，这或许是一种合适她的回应方式。

他最终也解雇了莫妮卡，这很合理。但我会建议乔换一种说法，不要说莫妮卡破坏了整个团队内部的和谐氛围，因为这可能会激起她提起诉讼的念头。通常情况下，最好说："我们的工作风格不同，我们祝你一切顺利，希望你能找到一个合适的工作来实现你的职业目标。"这种决定听起来是中立而积极的，也不会让莫妮卡觉得受伤。

如何摆脱偏执型高冲突人格者

和一个偏执的人断绝关系必须非常谨慎和委婉。尽可能避免急于求成（除非情况非常危险），以免引发他的过激行为。再次强调，尽量避免采用直接批评的方式进行劝阻，不要责怪对方，也不要责怪自己。

在生活中，我们经常会遇到这样的情况，比如临时有更重要的事打乱了你原定的计划，导致你不能去见那个经常约见的朋友了。这种说法虽然听上去像是不真诚的借口，不过我们处理人和事的优先级的确会随着时间的推移而发生变化。直截了当地这么说，相信80%的人都是可以理解的（尽管没必要这么直接），但是对于高冲突人格者来说，说实话是毫无意义的。

高冲突型人格者（尤其是偏执型）会把别人的坦诚视为对他们的宣战。这会让你和他们的日常相处变得非常紧张，让你陷入本可以避免的艰难处境。比如，他们会跟踪你或散布针对你的谣言来保护自己。我被一次又一次地问道该如何改善这种情况：家人、邻居、同事或其他人对一个偏执者的缺点极其坦诚，但这让他们的处境都变得更加糟糕了。例如，偏执者会不理"冒犯"自己的家人，故意挑战"冒犯"自己的同事，往"冒犯"自己的邻居的院子里扔垃圾。采用CARS方法是远离偏执者最安全、冲突最小的途径。

结语

偏执型高冲突人格者像流沙一样,如果你靠近他们,你就会陷进去,你的许多正常反应都可能会引起他们的疑心,使你陷入与他们的冲突中。在与偏执型高冲突人格者交往的过程中,一定要注意自己的言辞,尽量和他们保持一定的社交距离,这样不会使他们感觉有威胁。性格偏执的人很多,你可以遵循本章介绍的基本原则,与他们保持一定社交距离以减少冲突。

第 8 章

表演型人格：戏剧性的表达

最后一个要介绍的高冲突人格类型是表演型人格障碍。此类人格障碍的诱因是害怕被他人忽视，症状表现为迫切地想要成为人群中的焦点——有时会通过编造别人的奇闻轶事并大肆宣扬来博人眼球。

根据美国国立卫生研究院大量样本研究公布的关于人格障碍的数据表明，大约有1.8%的美国人有此人格障碍；北美大约有600万人是表演型高冲突人格障碍者。虽然这一数量比其他类型的高冲突人格障碍者都要少，但是，由于很多正常人也具有表演型人格的一些特征（只是还达不到表演型人格障碍者的程度），所以，实际上你会比想象中的更常接触这种类型的人格者。在这种类型的人格障碍者中，有很多人也是高冲突人格者，因为他们热衷于揭人（他们的指责对象）短处。

最初，这种障碍主要被视为女性人格障碍。一百多年前，西格蒙德·弗洛伊德（Sigmund Freud）发现表演型人格障碍与癔症有关，是多见于女性的一种情绪障碍。但这一说法很快遭到了质疑，尤其是美国国立卫生研究院大量样本研究发现，这种障碍在男性群体中同样存在。该研究表明，此类人格障碍者中男性占比为51%，女性占比为49%。

情绪具有传染性，而表演型高冲突人格者又具有很多强烈的情绪。这意味着很多人会被表演型高冲突人格者的夸张情绪所影响，即便他们说话不着边际。讽刺的是，此类高冲突人格者的情绪化的强度最终会让别人疏远他们，导致他们努力的结果与其目标背道而驰：越想成为焦点，越容易被人忽视。在他们看来，人们总是"背叛他们"，对他们感到厌烦。

关于表演型高冲突人格的基本常识

此类患者常用戏剧化、单一、极端的口吻。当需要对一些事情进行准确论述时，他们的表达也会带有过分夸张的成分，甚至脱离实际。倘若你成了表演型高冲突人格者的指责对象，那就要做好他们会散布你谣言的准备。

这类人认为自己是无助的受害者，所以得到他人的帮助是理所当然的。正是凭借这种无助感，使得他们可以有力地说服别人来帮助自己。

除了高冲突型人格的四个基本特征以外，DSM–5 中还列出了表演型人格障碍的其他八个特征，我个人认为表演型高冲突人格者的关键特征有以下几点：

- 渴望成为万人瞩目的焦点；
- 夸夸其谈、泛泛而谈而又富有张力的情绪；
- 对人际关系缺乏正确的认知，自认为别人很关心自己。

如果一个孩子被忽略，那你就会发现这些特征多么有帮助：他可以通过夸张的情绪制造戏剧性事件来成功吸引别人的注意；你还可以看到，当一个人需要吸引更多人的注意力的时候，这些特征是多么地有用：在危机中，他们可以通过这些特征迅速地引起每个人的注意力，从而把大家集中到一起解决问题。有人说，许多电影明星、摇滚明星和其他公众人物都有这种性格特征，但他们不一定是人格障碍者，他们只是擅长调动我们的情绪来吸引注意力。

但当这些人格特征用得不合时宜时，就会让人觉得讨厌，以至于远离他们。在人际关系中，这样的行为可能会弄巧成拙，使其失去工作、朋友和爱人。当然，如果你指出他们行为的不当之处，他们会用极尽夸张的表达来指责你给他们带来了伤害，以至于很多人会相信他们。这些人往往会成为他们的"同伙"，而你也会遭受他们同伙的攻击（我们将在第 9 章中详细地介绍"同伙"）。

作为一名律师，我见过几例此类人格障碍者成功说服法官或陪审团把对方的行为判为"恶性行为"的案件，即便对方只是有一些子虚乌有的或微不足道的行为。可悲的是，有时候决策者（法官或主持公道的人）反而会相信这类人，给出的理由是如果别人没有真的伤害他，他就不会那么生气。但事实上，对于那些有表演型人格障碍者来说，"那么生气"只是他们常用的套路而已。

的确会有一些人们被误判或名誉被毁的新闻事件。然而，重要的是，高冲突人格者有时也可能是真正的受害者。所以最好的方法就是不要做任何假设，不要受他们激昂的情绪的影响，要理智分析到底发生了什么。

表演型高冲突人格者的两种类型

表演型高冲突人格者分为高功能型和低功能型两种类型。一些高功能表演型高冲突人格者常常拥有一份好工作,他们能够通过自己的表演获得报酬,比如戏剧演员、公众人物和其他需要博人眼球的职业;另一方面,低功能表演型高冲突人格者可能无法获得工作机会,甚至无法抚养自己的孩子。以下两个例子分别介绍了这两种类型的人。

我们再回顾一下本书第 1 章介绍的艾米和她母亲纳丁的故事。

> **案例:高功能表演型高冲突人格者**
>
> 父亲葬礼后的第二天,艾米母亲满眼愤怒,她指着艾米大叫:"是你害死了你爸!大家都蒙在鼓里,但我清楚得很。"她突然抽泣起来,继续对艾米大吼道:"他只是想让你进入家族企业,但是你这个自私的人——却为了自己愚蠢的事业令他伤心。你明明知道,他没有你就活不下去。"
>
> 早在一周前,当艾米得知自己的父亲心脏病发作时,就飞回了家,但由于她晚到医院几个小时,没能见上父亲生前最后一面,她赶到医院时只有母亲陪伴在已故父亲的身旁。
>
> 纳丁对任何事的反应都很戏剧化。后来那天晚上,她又突然哭了起来,"我现在该怎么办?"然后,她倒在艾米怀里抽泣着说,"你会照顾我的,对吗?不会像抛弃你爸那样抛下我不管的,是吗?"

纳丁总是依赖艾米，就好像艾米是母亲，而她是孩子。艾米此时只好先把父亲去世的悲痛抛在一边（她甚至希望去世的是她的母亲而不是她的父亲），因为她意识到现在必须独自面对母亲了。

艾米读了一些关于难相处的人的书后，得出的结论是她母亲有表演型人格障碍。她决定要告诉母亲这个事实，并设法让她接受一些治疗。因为她知道自己一个人难以担负起照顾母亲的重任。

艾米喊道："妈，冷静下来！我根本没有抛下我爸不管，你有人格障碍，所以你才会这么想。你要接受治疗，我也会帮你。你的理解有问题，事情没有你想的那么糟糕。别再说我害死了我爸这种话了，我爸是因为心脏病发作而死的。一切已经够糟了，你就不要再发疯了。"

纳丁喊道："你居然敢这样说你的母亲！真是个不孝的女儿，我再也不想跟你说话了。滚！马上从家里滚出去！我就当你也死了。赶紧走，现在就走！"

纳丁突然抽泣起来，推开艾米。艾米说："别傻了，妈妈。"

纳丁说："我是说真的，真的说真的……"突然纳丁捂着胸口说："哦，糟糕，我心脏病犯了，快叫救护车，送我去医院！快去！"艾米觉得她母亲的反应太夸张了，但她担心母亲有可能真的是心脏病犯了，所以她叫了救护车。从此，她再也不敢说母亲有人格障碍了。

记住：永远不要告诉任何人，你认为他们有人格障碍。这样做只会增加他们的防御性和不良行为，而不能达到让他们自我反省的目的。即便他们没有对你做出过激行为，也可能会因为内心愤怒而对你产生防御，对你冷淡。这虽是一个要牢记在心的准则，但它会帮你省去很多麻烦。纳丁认为艾米说自己有人格障碍纯粹是在指责她，这才使得她的健康出现问题（健康出现问题或许只是她的一种错觉）。纳丁抱怨她的女儿忘恩负义，接二连三提起这件事。她也可以完全不把它当回事，而不是因为这句话去怨恨女儿。

当她们到达医院时（艾米自己也开了一辆车），纳丁坐着轮椅被推进了急诊室接受救治。很快诊断结果出来了：纳丁不是心脏病发作，尽管她呼吸急促昏倒在救护车上。

纳丁是典型的表演型高冲突人格者。艾米经常受到纳丁的指责，其他人也难逃此劫，包括救护车司机和救护公司。纳丁看待问题的方式"单一、极端"（比如"我再也不想见到你了"，当她情绪激动时会突然"心脏病发作"等）。纳丁总是很戏剧化，情绪来得快去得也快，经常以这样或那样的方式求得大家的关注。你可能已经注意到了纳丁并没有真的不理艾米：纳丁说再也不想和艾米说话，让她滚，这些都只是一种冲动的、夸张的表达方式，并不代表她真实的立场或决定。当然，这类人格障碍者也有可能真的有健康问题，所以不能轻易假设他们没有健康问题。这就是艾米采取的应对方法，尽管事实证明她母亲心脏病并没有发作（正如艾米所怀疑的那样）。

几个小时后，当谈到在救护车上的那段时间时，纳丁对艾米说："我在救护车上失去意识时被强奸了，我感觉自己被侵犯了。我要找律师起诉这家救护公司。"

医院工作人员告诉我，表演型人格障碍可能是他们最常见的一种人格障碍，尤其是那些反复来就诊的病人。据我所知，至少有一家救护公司被起诉，理由是救护队在救护车上将一名被急救的病人强奸了，但经过调查，强奸并不存在，一起都是这名病人的表演型人格障碍所致。如果你是一名医护人员，你可能更常遇到这样的病人。

案例评析

你认为纳丁有表演型高冲突人格吗？当然有可能，但实际上有没有并不重要。对艾米来说，意识到她母亲可能有高冲突人格，对她与母亲打交道还是很有帮助的。但艾米犯了一个错误——她直接告诉纳丁她患有人格障碍。

如果艾米只是想远离纳丁，那么纳丁还会继续制造戏剧性的麻烦来纠缠艾米。何况纳丁是她的母亲，艾米也很想帮助她。重要的是，有人格障碍的人在生活中会感到无助、脆弱和受伤，对于那些有表演型人格障碍的人来说更是如此。他们用富有情感色彩和戏剧性的表达方式向他人讲述生活是如何对待他们的，通过这种过度补偿的方法让自己获得满足。但艾米需要学会用正确的方式帮助纳丁，这样她才能有自己的生活，而不是成为她母亲的监护人。艾米首先应该去求助一些医院的社会工作者，因为他们知道有哪些资源和日常援助项目可以帮助像她母亲这样的人。

> **案例：低功能表演型高冲突人格者**
>
> 如果一些父母的人格障碍严重到一定程度，那么他们很可能在孩子很小的时候就失去了对孩子的抚养权。在下面的这桩案件中，一位有表演型人格的母亲被法院认定存在负面行为，最终失去了对自己六个孩子的抚养权。
>
> 这名母亲是由专业的心理医生比斯利女士诊断的。她后来在法庭上作证说，这位母亲没有按照法庭要求来改正自己的任何行为，因而未能重获自己六个孩子的监护权。关于这位母亲的第六个孩子卡林顿的监护权的案子，庭审记录中的一段摘录如下：
>
> 根据对这位母亲临床观察和临床心理测试结果，比斯利女士认为，这位母亲缺乏洞察力，易冲动，情绪多变。由于遭受虐待加上创伤恢复中伴随的焦虑和惊恐，导致她患上创伤后应激障碍。比斯利女士还发现这位母亲有滥用药物史，并有表演型人格障碍。比斯利女士将表演型人格障碍的特点解释为极不稳定的社交关系、戏剧化的行为，以及渴求被关注。这导致了这类人行为夸张、寻求关注、情绪多变、轻信他人、决策草率，甚至有寻求自杀的倾向。像其他所有类型的人格障碍一样，表演型人格障碍是一种长期存在的、根深蒂固的人格特征，极难治疗。这位母亲的表演型人格障碍已经成为她本人和她的生活中不可分割的一部分，目前还没有治疗这类人格障碍的药物，尽管有的药物可以缓解她的抑郁。
>
> 这位母亲有六个孩子，最小的一个出生在 2004 年。在 2005 年，孩子们被强制收容，主要原因是这位母亲对孩子们疏于照

顾，对孩子们进行身体和性虐待，并存在滥用药物问题。她有探视权，但在2007年之后，她只能在孩子们想见她的时候才能去探视他们，而孩子们却从未想见她。为了重获孩子们的监护权，她被要求做到：

- 以口头或书面形式向心理咨询师承认自己对孩子的性虐待；
- 配合自己的治疗医师和孩子的治疗医师，理解和确保拉近与孩子的关系，并承诺能彻底执行；
- 确保孩子周围没有不适宜的有关性的材料、书籍、杂志、图片或音视频；
- 为孩子提供干净整洁的住房、充足的空间和家具；
- 向儿童救助中心（the Department of Children Services，DCS）提供连续六个月已缴的住房租金及水电费的收据，以证明有一定的经济能力；
- 提供能满足家庭开支的收入证明，并在2012年1月前完成以上目标。

尽管这位母亲接受了药物治疗，但她控制情绪与行为的能力并没有得到提高。她不承认对孩子们实施过性虐待或对孩子们疏于照顾。她也无法证明自己能够为孩子们提供足够的居住空间。到2013年，法院举行了听证会，来决定是否终止她对孩子的抚养权。以下是更多的庭审记录：

比斯利女士认为，自2009年自己开始为这位母亲做临床心理评估以来，这位母亲的情绪化、抑郁、愤怒和处理这些情绪问题的方式几乎没有得到改善……

这位母亲缺乏洞察力，她保守固执而不愿进行自我反思。此外，她根本没有改过自新的念头，因为她把问题全部归咎给别人。在她的性格发生质变之前，需要接受长期的治疗。然而，像她这样的患者通常会提前终止治疗。当前，这位母亲因身心健康存在问题而无法安全地照顾她的六个孩子，自2005年接受心理治疗到现在，这些长期治疗措施并未改善她的心理功能。

高度冲突型人格障碍者注定会被生活所困，因为他们无法正视自己的问题。不幸的是，这位母亲却陷入让他人改变来适应她自己的思维模式中，正如上文所说的那样："她保守固执而不愿进行自我反思……她根本没有改过自新的念头，因为她总是把问题全部归咎于别人。"

这种情况要么可能是她的成长环境造成的，要么是先天因素造成的。法院记录里确实认为她有创伤后应激障碍，并有过一段被虐待的经历。但可以肯定的是，多年来她有过无数次改变的机会，但她没有努力去做。

少年法庭判定，儿童救助中心"付出了合适、巨大的努力"来改变这种状况，多年来一直为受害儿童和他们的父母提供服务。

最后，卡林顿的诉讼辩护人认为此案件是所有涉案律师处理过的"最悲惨"的案件。然而，根据这位母亲的人格障碍以及她的所作所为，他要求少年法庭终止这位母亲对孩子的抚养权和监护权。

案例评析

这的确是一个悲惨的案例，它证实了改变或影响一个人格障碍者是多么困难。我们虽然不知道这位母亲经历了什么，但许多类似的悲剧会延续到下一代。这位母亲也存在滥用药物的问题，这在高冲突型人格障碍者中很常见。当他们发现自己解决不了生活中的问题时，高冲突人格障碍者就会服用一些药物来应对他们过度的痛苦。不幸的是，这种"自我治疗"只会让他们与孩子的关系更紧张。

更不幸的是，这些孩子多年来在不稳定的环境中成长（在寄养家庭中辗转），而他们的母亲却一直生活在歇斯底里和怨天尤人中。这并不是强调每位人格障碍者都该失去父母应有的权利，而是有必要让孩子在成长过程中离开这样的家庭，因为人格障碍者的极端行为经证明不太可能被改变。这就是为什么现在有许多保护机构和法院要求他们在一年内做到明显的行为改善，而不是在几年内（此案例是接近九年的时间内）。这样做的目的是让孩子有机会被一个健康的家庭收养并抚养长大。

如何识别表演型高冲突人格者

如果你知道窍门，就能轻易识别出这类人格障碍者。他们非常戏剧化，很容易让人误以为这仅是一个人在心烦乱的情况下的情绪化反应而已。但是，对于表演型高冲突人格者来说，戏剧化是很难改变的，是对他们自己内心不安的反应，和外部的事件没有太大关系（并不是他们对一些真实的极端的外部事件的反应）。因此，找出触发他们戏剧化反应的原因是识别表演型高冲突人格者的关键。如果他们的情绪明显与真实状况不符，而且这种情况经常不断地发生，那么他们可能是表演型高冲突人格者；如果他们把戏剧化的原因归咎于其他人，那么他们也可能是表演型高冲突人格者。

下面介绍使用 WEB 策略，教你快速识别此类人格者。

1. **话语识别**。同样的一句话，从他们口中说出往往会显得极其夸张。他们会得出不同常人的结论，而夸大其词正是他们最爱的一种表达方式。

不要只注意他们的言辞，还要注意他们说话时情绪化的语气。有时，他们的这种表达方式会给听众一种情绪化的压力。比如，他们会说："你必须要知道这有多糟糕！"有时，他们的评论还带有一种夸张的秘密感。比如，他们窃窃私语地说："你听说了吗？某人因为上周会议上发言不当要被解雇了，不要告诉任何人。"搞笑的是，这个人会把这个"秘密"以夸张和阴谋论的方式告诉所有人。他们会有意无意地四处传播，最终导致那个人真的被解雇。他们的人格会让他们经常觉得自己是受害者，于是他们不停地四下寻找周围是谁伤害了自己（实际上，这种感觉是他们的人格问题导致的），并且他们眼里看到的都是"坏人"。

2. **情绪识别**。当你与表演型高冲突人格者（以及那些一般性的表演型人格障碍者）交流时，内心往往会产生强烈的冲动。因为他们情绪强烈，所以许多人在与他们相处时感到过度刺激和疲惫不适。但你又会发现自己很难不受他们影响。因为他们极度渴望得到关注，所以他们不会放过任何与人交流和表演的机会。如果你是一个注重礼节的人，你内心就会感到极度不适，并想要远离他们。你在一开始时可能并不会意识到，此类人常因小事而痛苦不堪（90%的人都不会因这种小事感到痛苦，至少不会这么痛苦）。

3. **行为识别**。他们的行为往往看起来很夸张或戏剧化，但并非一开始就让人觉得很不好。记住，有这种人格的人喜欢成为焦点，因此他们的肢体语言和表达方式可能富有吸引力。

他们学会了如何吸引观众的注意力。他们往往把自己内心的不安情绪归咎于旁人。他们还常常通过散布谣言不断给指责对象制造麻烦，并且对此拒不承认："我没说她被解雇了。我说过我也是听别人说的。'别人'是谁？哦，那我不能说。"

一般情况下，可能不会发生这样的对话，但这类人乐于夸大事实，因为他们相信自己的印象而不深入了解事实，他们甚至会确信自己说的话就是真的。

根据我与他们打交道的经验，许多这种类型的人都会觉得生活对他们太无情，一件小事都会让他们感觉天要塌下来了一样。他们可能会因为小题大做而破坏同事的名誉。这类人会把很多小事放大，他们喜欢把任何事情都告知天下，这使得他们比其他类型的高冲突人格者更容易做出败坏他人名誉的事。

如何避开表演型高冲突人格者

由于表演型高冲突人格者的行为浮夸，通常更容易在早期被发现，因此与其他类型的高冲突人格者相比，这类人更容易避开。你会发现他们的情绪反应和夸张陈述与一些煽动性事件一样极端，但是尽量不要过度关注他们的夸张表现。如果你意识到一个人对某事反应过度，可能是一个表演型高冲突人格者，那你就在下次发生这种情况时实事求是地说，你发现他的表达很"有趣"，并试图转移话题。如果他试图让你参与讨论，就告诉他你还有别的事情要做，然后立即远离他。

你一定要避免逗留，否则会让他有机会准备另一个戏剧性的故事或激情的长篇大论。这样做可能会让你感觉自己对他有点不礼貌，但重要的是，你不需要通过听他的长篇大论来让他自我感觉良好。讲故事并不能真正解决他的问题，但是他会继续一遍又一遍地重复那些故事以寻求解脱。专注于完成他力所能及的任务才能使其内心感觉良好，而不是把精力放在消除他的不良情绪上（这样下去他们只会继续烦恼）。遗憾的是，尽管大多数人都能放下心事，继续生活，但所有的高冲突人格者——尤其是表演型的高冲突人格者并不能从不愉快事件中找到治愈自己的方法。最好避免陷入他的负面情绪中，以免会面临使问题恶化的风险。

如何与表演型高冲突人格者打交道

如果你不能避免和一个表演型高冲突人格者打交道，需要和他一起工作或生活，那么你在与他互动的时候请记住采用 CARS 策略。

1. **沟通**。用一段适当的时间（通常 5~10 分钟），抱着共情、关注和尊重的态度去倾听他讲话，让他知道你理解他。你可以说："这听起来很困难。"然后，如果你需要与他一起工作或讨论某个问题，你可以通过添加一个分析步骤来吸引他的注意力："好了，今天我能帮你的就是谈谈某某问题。或者我们一起做下面的工作吧。"

2. **分析**。尝试为他提供一种选择，减少他表演的机会。如果他太情绪化，就让他选择：

A."你想现在做吗？"
B."还是我们再约一个时间？"

让他把注意力放在这两种选择上，而这两种选择都不会引发他的极端情绪。你不必卷入他的表演中。虽然这可能看起来不太礼貌，但你可以抱着共情和尊重的态度，以一种实事求是的方式说出来。你可能需要果断地提出这两种选择，而不是继续听他滔滔不绝的夸张陈述。如果你给了他一个类似上述的分析选项，但他选择继续"洒狗血"，那么这时你可以说："我知道那对你来说有多难过。不过现在我得走了。下次再聊，再见。"然后走开。

3. **回应**。如果对方对你怀有敌意，你可以选择另一种方法："如果你继续这样和我说话，我就不得不结束这次谈话了。这一切取决于你。"这种方法在你打电话的时候特别有用，先说刚才的话，再说："我要挂了。什么时候你冷静了，我们可以再谈，再见。"然后挂断电话，即便他还在喋喋不休。虽然这样做可能会让人觉得很不礼貌，但要记住这是他自己"选择"的结果。如果你想等到他说完，那就要做好会持续好几个小时煎熬的准备。

如果对方提供的信息是错误的，请使用 BIFF 策略，无论是书面的还是口头的。例如，你被告知"你从来不回我的电话"时，你可以这样回答："我知道你可能会因为我不能总是及时给你回电话而感到沮丧。大多数时候我会在几天内回你的电话，如果我在工作日很忙的话，至少会在周末会打给你。现在，让我们谈谈下周的计划吧。"这种方法内容简洁、信息充分、友好而坚定，能迅速将高冲突人格者的话题转移到一个新话题（"下周的计划"）上。

你不要对表演型高冲突人格者的攻击性或夸张行为感到生气或产生防御性，因为这样做只会增加他们对你和你们共同认识的人的戏剧化行为和表达。

4. **设定界限**。你可以采用上面给出的建议，也可以着重利用政策、规则或其他客观的理由来让他们行为妥当。记住，专注于你希望他们怎么做，而不是你不希望他们怎么做。你可能还需要解释一下你建议这样做的好处以及不这样做会带来的后果。比如："请告诉我一些关于某人的积极消息，听到他的遭遇我很难过。如果我们接着聊，我想听到一些令人振奋的事情。否则，我们还是谈点别的吧。""你和上司有矛盾真是太糟糕了。现在，我只想听听你打算怎么解决这个问题。"

如何摆脱表演型高冲突人格者

摆脱此类人可能需要有足够的准备和坚持。例如，假设艾米想要摆脱她的母亲纳丁。首先，她应该和心理咨询师、教练或心理顾问谈谈，让自己有所准备，制订一个切实可行的计划，这可能是一个分步骤的长期计划。

接下来，艾米可以和心理顾问（心理咨询师或教练）一起练习她要对母亲说的话。通过艾米来扮演她母亲的角色、心理顾问扮演艾米的角色来进行一些对话（艾米要学习用这些话来应对纳丁）。然后他们再互换一下角色，艾米扮演自己，学习心理顾问那样和母亲说话。所做的准备还包括预测她的母亲会说什么，并为此做好最好和最坏的打算。

艾米还应该计划好谈话的时间、地点和对象。当发现家庭成员或好朋友是此类人格障碍者时，在心理咨询师的办公室与心理咨询师或者其他积极支持你的人进行此类对话通常是有帮助的——我们将在后面的章节中详细呈现。

同时，如果她母亲看起来未来生活不能自理的话，艾米可能需要为她母亲制订一个护理计划。如果她可能会遇到突发的医疗情况，就有必要安排某种形式的辅助体系（比如医疗警报、家庭护理或新的生活环境）来帮助她，这样她就不会完全依赖艾米了。

艾米需要做好母亲强烈反抗的心理准备。在执行计划的过程中，她需要坚持，保持冷静。这说起来容易但做起来难，但是只要认真准备，并且有外界支持，就能够做到。

结语

正如我前面提到的，与其他类型的高冲突人格相比，表演型高冲突人格的数量少了很多。然而，其他类型的高冲突型人格障碍者表现出表演特征也是很常见的。本章中提到的一些原则也适用于其他类型的高冲突人格，特别是边缘型高冲突人格者。与此类人格障碍者沟通时，关键的应对措施是做好面对这种人强烈而又夸张的情绪的准备，让自己保持冷静，并专注在自己的目标上。

　　记住，表演型高冲突人格者经常会告诉其他人，你正在毁掉他们的生活，尤其是当他们把你当作指责对象时。对此，你要做好准备，告诉你周围的人，你和某人的关系并"不好"（不要去说某人有人格障碍或者是高冲突人格）。鼓励别人把从他那里听到的、遇到的任何关于你的消息直接告诉你。在努力维持和表演型高冲突人格者关系的同时，要尽快做好远离他们的准备，以免自己被卷入其中。

第 9 章

高冲突人格者的同伙
——可能会伤害你的人

有些人会对高冲突型人格者的强烈担忧、愤怒以及孩子气表现出理解和同情，但他们通常不会对高冲突人格者的状况做太多个人研究，而是不假思索地采纳这些人的情绪和观点——我称这类人为"高冲突人格者的同伙"。高冲突人格者的同伙在情感上支持高冲突人格者的负面言论、情绪和行为，并试图"保护"高冲突人格者免受"坏人"的伤害，以致用这种错误的方式帮助了错误的人。这样做并不会让情况变得更好，反而会让情况变得更糟，这对被指责对象或是高冲突人格者来说都是如此。高冲突人格者的同伙通常是他们的家人、亲密的朋友或专业人士（如心理咨询师、牧师、律师等），他们认为自己只是想要支持高冲突人格者。

很多时候，高冲突人格者的同伙就像酗酒者或瘾君子的"狐朋狗友"或"臭味相投者"。他们与高冲突人格者站在一起，并试图帮助他们解决所谓的困难。他们通过肯定高冲突人格者，强化了高冲突人格者的不当言论、情绪和行为。这种对极端情绪的肯定通常会令高冲突人格者的负面行为变得更具攻击性，最终往往会伤害高冲突人格者，因为这会让反对高冲突人格者的人越来越多。

当高冲突人格者的指责对象被高冲突人格者的同伙强烈的情绪吓到时，他们往往会不知所措和崩溃。一旦发现这种行为，就立即加以遏制。

如何应对高冲突人格者的同伙

如果你已经成为高冲突人格者的指责对象，你应该准备好对付他们背后的同伙。有时，这些同伙比高冲突人格者的精力更加充沛、更加负面，在他人看来也更有可信度。甚至一位高冲突人格者背后有一群这样的同伙。

他们的同伙迟早会出现在你的生活中，试图说服你改变行为来适应高冲突人格者。除此之外，高冲突人格者的同伙还会试图散布关于你的谣言、公开羞辱你、对你提起诉讼、干扰你的就业、损害你的财务来破坏你的生活，甚至对你采取暴力行为。本质上，高冲突人格者可能采取类似的行为，只是现在他们得到了更多人的支持。

了解这些同伙并做好应对他们的准备，会让你省去很多麻烦。

与他们同伙沟通的方法与CARS策略类似。一般来说，为他们提供准确的信息，不能带有怨气或防御性；相反，给予他们共情、关注和尊重。然后，试着用BIFF式的回答告诉他们真实的情况。例如："我知道你想帮助他，但你可能没意识到，他反馈的这个问题在上个月就解决了。""总之，你的建议挺好的。但这件事情的情况特殊，它只会增加问题，而不是减少问题，原因如下……"

当然，这种情况通常很少发生，或者说与个别高冲突人格者的同伙沟通可能不妥或存在风险。如果涉及与高冲突人格者的法律纠纷，请确保你采取的任何行动都要与律师讨论过，遵守辩护律师制定的规则。个别高冲突人格者的同伙可能会成为对你不利的潜在证人，因此试图直接与他们沟通可能会违反法律要求，并使自己处于不利的位置。

高冲突人格者的同伙——家人

高冲突人格者的同伙大多数是他们的家人，他们试图帮助自己的儿子/女儿/父母或亲戚。家人很容易成为高冲突人格者的同伙，因为他们相信自己的亲人受到了不公的对待，并且问题严重（像他们所表现出来的那样严重）。因此，无论是在与高冲突人格者的工作单位、政府部门打交道，还是在法庭上，他们都会极力为亲人辩护。

我曾接手过高冲突人格者将其子女、父母等五六名家人带上法庭来支持自己的案件。通常情况下，当他们的家人了解案件的全部细节后，这些家人往往不再出庭。但在一个案件中，高冲突人格者的家人对其非常袒护，坚持出庭。当高冲突人格者被认定有虚假指控他人的罪行时，他的六名出庭的家人开始对法官大喊大叫，最终他们被命令离开法庭。但是他们仍然相信自己的家人而不相信法庭提供的证据。

这些个案例体现了高冲突人格者同伙的三个重要的特征。

特征一：一旦许多高冲突人格者的亲人承诺支持他们，事情的真相对他们来说就已经没那么重要了。因为高冲突人格者的情绪具有高度的感染性，可能会把这些支持者变得像暴徒一般失去理智。然而，许多刚刚成为高冲突人格者同伙的人（比如同事、邻居等），一旦他们了解到事情的真相，通常不会再支持高冲突人格者。

特征二：高冲突人格者的同伙通常不在乎他们在公众面前的形象，因为他们已经铁了心要支持高冲突人格者。

特征三：根据我的经验，大多高冲突人格者的同伙没有人格障碍或高冲突人格，他们只是被误导了，但有一些确实有人格障碍，因为人格障碍有时来自家族遗传。这也许可以解释为什么上述案件中有些家人会忍不住在法庭上大喊大叫，他们似乎也有情绪失控和极端行为的表现。而大多数其他高冲突人格者的同伙，如高冲突人格者的同事或朋友，他们并不是高冲突人格者，但在情感上被高冲突人格者感染或误导，不过当他们了解事情的真相后，往往能够做出理智的转变。

高冲突人格者的同伙——朋友、邻居和同事

许多高冲突人格者的非家人同伙可能是受到了受高冲突人格者的强烈情绪影响才刚刚加入者。如果你是高冲突人格者的指责对象，这些同伙可能会与你对质，要求你改变自己或离开高冲突人格者，因为他们认为高冲突人格者是受害者——需要他们保护。但是，与高冲突人格者的家人同伙相比，如果你有机会冷静地向他们提供更多准确的信息，这种类型的同伙可能就不再支持高冲突人格者。

过去，我曾为一些社区提供过咨询服务，帮助他们管理社区会议中的高冲突行为。在一个案例中，有两三名社区成员支持一个来自高冲突人格者的投诉。社区的政策是，等到会议结束才能对投诉做出回应，以便听取参会成员对所有问题的意见。在这个案例中，高冲突人格者及其支持者在会议结束前就冲出了会场，导致没人能够用准确的信息来解决问题。

我向社区建议，以后再有社区成员投诉，它们应立即用相关信息

回应每一位投诉者。通过遵循这一建议,他们能够给高冲突人格者的同伙提供足够准确的信息,以阻止他们在开会时支持高冲突人格者。为高冲突人格者的同伙提供准确的信息是关键,至少对于那些并不坚定的同伙来说尤为如此。

高冲突人格者的配偶或室友也可能会成为他们的同伙。他们可能会受高冲突人格者的强烈情绪影响,开始认同高冲突人格者的观点,以此作为让高冲突人格者平静下来的方式(当然,从长远来看,这是行不通的)。然后,高冲突人格者便希望他们的配偶或室友能够和他们一起来抗议邻居。例如,高冲突人格者将其同伙拉到邻居家中,开始抱怨狗、噪音、车道堵塞或邻居家的垃圾乱放。于是,邻居之间的对话马上变成了高冲突人格者裹挟他们的同伙与邻居之间的势不两立的对峙。高冲突人格者过于自信、怒气飙升,希望得到配偶或室友的支持,而配偶或室友则面临着要站队的压力。

因此,配偶或室友会支持高冲突人格者(否则,他们到家后会付出惨重代价),充当他们的同伙,和他们一起谴责邻居,或者和邻居争吵。无论是在富人区还是贫民窟,这种情况都会经常发生。如果你仔细观察这些冲突,就会发现这些冲突中往往会有一名高冲突人格者,还有一名同伙在一旁煽风点火。如果一个还未正式成为他们同伙的人能劝说"你最好和邻居私下好好沟通一下,不要让他觉得我们串通好了"就再好不过了。

没有人想要成为高冲突人格者的同伙,但人们的确很容易在情感上被高冲突人格者左右。不过,只要意识到这种问题的存在,就可以阻止高冲突人格者强迫你加入他们之间的纷争。

如果你是他们要发展"同伙"的对象，你可以说你只会一对一地协商问题，也可以说你做这样的事情时还需要另一个熟人在场。只要表现得不像一个会掺和事情的人即可，否则只会让事情变得更糟。你还可以找一位德高望重的调解人来帮助你。

高冲突人格者的同伙——专业人士

在与高冲突人格者打交道时，最令人惊讶但也是最常见的现象是：专业人士普遍会成为高冲突人格者找寻的主要同伙，来帮他们更有力地攻击指责对象。

当然，当他们为此咨询律师的时候，大多数律师都小心谨慎，避免逾越法律"红线"，并拒绝疑似高冲突人格者提出的无端法律要求。然而，总有一些律师会成为高冲突人格者的同伙。因为他们是高冲突人格者强有力的支持者，并且在情感上被其强烈的情绪迷惑（甚至连他们自己都没有意识到），有时会影响到他们的职业生涯。有些律师可能会因为过分偏袒高冲突人格者并违反法律伦理而受到公开羞辱或被法庭制裁（或罚款）。

事实上，有些律师严重违反了规则，未遵照法律伦理要求，攻击了高冲突人格者的指责对象，并且侥幸逍遥法外。也许他们自己也有高冲突人格或人格障碍。每个行业都有这样的人，法律的抗辩过程当然也吸引了部分高冲突人格者，尤其是那些想要炫耀自己在处理某一个法律案件时能够挑战法律，表现得比其他人都更优越的自恋型高冲突人格者。通过训诫和规则来约束有高冲突人格的律师收效甚微，除非给他们的职业造成不好的后果，比如停职或取消律师从业资格。

如果你是法律案件中高冲突人格者的指责对象，你就需要做好心理准备——高冲突人格者的辩护律师有可能也是一个高冲突人格者，或者是深受他的强烈情绪感染的他的同伙。本质上，你需要在陈述准确信息时，像高冲突人格者和他的律师陈述观点时一样自信。如果有一位理性的律师，可以依据事实而不是指责和虚张声势来论证你的案件是很有利的。如果你独立替自己向法官辩护的时候，冷静地解释案子的真相，并把注意力聚焦在法官身上，不受对方或者对方律师情绪的影响，你会发现这样做会对你很有利。另外，在我所著的《法律纠纷中的高冲突人群》（*High-Conflict People in Legal Disputes*）一书中对这个问题也有专门的研究，大家可以关注一下。

高冲突人格者还会寻求心理咨询师成为同伙。虽然心理咨询行业有严格的咨询伦理，防止心理顾问或心理咨询师被客户的强烈情绪所迷惑，但还是有一些人会触犯职业伦理。作为一名心理咨询师，我见过太多类似的情况。

在某些情况下，在家庭纠纷（比如离婚诉讼）或人身伤害案件中，他们会站在当事人一方，代表当事人向法院写信或发表声明。还有一些情况是，心理咨询师在情感上与客户产生强烈的共鸣，并相信他们所说的一切（注意：这是高冲突人格的"单一、极端"思维方式的预警信号）。

20世纪90年代，许多心理咨询师掉入这类陷阱。一些心理咨询师在接待来访者的过程中，试图帮助一些成年来访者"恢复"儿童时期父母对他们的"性虐待"记忆，这让他们一时间陷入了法律困境。虽然现实中的确有遭遇过这种虐待的儿童，但由于这些心理咨询师对来访者投入的个人情感过多，因此他们一度被怀疑在误导来访者。经调查发现，有些咨询师帮助来访者"恢复"的关于性虐待的记忆的确是不存在的。

很多职业的从业者都容易在工作的时候投入过多非理性的个人情感，不利于正常开展工作，牧师、医生、护士、教师和社会工作者这些职业尤其如此。这些职业本身需要一定的共情能力，但是过度共情有时会导致他们触犯职业伦理，从而引发他们去攻击其服务对象的指责对象。

这些行业的从业者最好保持中立，同时避免充当辩护人和同伙的角色。如果出现冲突，心理咨询师应该将来访者转介绍给律师，然后继续专注于帮助来访者成长和治疗，而不是替来访者起诉他人。如果高冲突人格者的心理咨询师开始充当他们的同伙，那么你可以向你自己的心理咨询师或其他积极支持你的人寻求支持。

> **案例：虚假指控者的同伙**
>
> 2006年2月的杜克大学（Duke University）事件就是一个专业人士充当高冲突人格者同伙很好的例子。
>
> 杜克大学曲棍球队的一名球员在家庭聚会上雇了两名脱衣舞娘。第二天，其中一名年轻女性（非裔美国人），声称她遭到了一些球员的性侵犯。
>
> 地方检察官迈克·尼丰（Mike Nifong）在没有进行适当调查的情况下接手了她的案子并继续审理。他指控该球队的三名球员涉嫌强奸罪，并发表了许多反对他们的公开声明。他还在一个多元文化区竞选时，声称杜克大学的校园文化存在严重的

> 种族主义和性暴力问题。很快，就掀起了针对杜克大学、杜克大学曲棍球队和三名被指控的球员的校园示威游行以及全国性的批评浪潮。
>
> 不过，随后进行的 DNA 检测排除了所有被指控的学生。原来，尼丰从一开始就私自隐瞒了这一证据。尽管他最终放弃了指控，但对杜克大学、杜克大学曲棍球队和三名球员的名誉造成了不可挽回的损害。事后，尼丰的律师执照被北卡罗来纳州律师协会吊销。他不仅被发现隐瞒了证据，更被认定对法院和州律师协会调查人员撒谎。

这似乎是一个很好的例子，讲述了一个专业人士变成了一个丧失底线的帮凶。他不仅失去了律师执照并面临被公开谴责，而那名年轻女子也因为尼丰的工作失职（没有进行适当调查和隐瞒 DNA 检测证据）和鲁莽帮助而引起了更多人的关注，从而陷入了更深的麻烦之中。

即使尼丰的本意是好的，但他还是轻易毁掉了好几个人的生活，包括他所支持的可能具有高冲突人格的原告（很难判断原告是否属于高冲突人格者，也许她根本不是，检察官尼丰才是该案件的主要推手）。无论如何，这些指控毁了她（原告）和被告的生活。学校和新闻媒体的其他指责对象还包括杜克大学曲棍球队的教练，他被公开指责没有管好球队。他曾为他的队员辩护，但在 DNA 检测证据出来的几个月前，他就在一片嘲笑声中辞职了。如果尼丰刚开始就能够花时间对案件进行详尽的调查，那么这些情况就可以避免了。

如何识别高冲突人格者的同伙

高冲突人格者的同伙通常是可以被识别的，因为他们对高冲突人格者的情况非常敏感，并且强烈地想要说服你也完全支持高冲突人格者。通常情况下，他们倾向于采用高冲突人格者的单一、极端的观点（或解决方案）。例如，他们会说一些类似这样的话："他完全被人利用了，你看不出来吗？""你必须帮助他，否则就在这件事情放过他吧！"

有时，高冲突人格者的同伙甚至比高冲突人格者本人的情绪更强烈、态度更决绝，因为他们与你素不相识，而高冲突人格者可能是你的前任、同事或邻居等。这意味着高冲突人格者的同伙完全可能对你怀有敌意，而高冲突人格者反而会念及旧情而有些纠结。高冲突人格者的同伙有时会把自己当成高冲突人格者的"救星"（他们想要替高冲突人格者战斗到底）。

这些高冲突人格者的同伙通常是比高冲突人格者身份和地位更高的人，如德高望重的长辈、社区居民、律师、牧师或心理咨询师。当他们讲话时，有更多的人愿意听。高冲突人格者努力拉拢这样的人，因为觉得他们比自己更权威，而且更有号召力。高冲突人格者不依靠事情的真相，而是依靠他们同伙的数量和权力。他们经常与他们的多个同伙一起出现在法庭上、居委会的会议上，或者工作场所和政府机构中。

高冲突人格者周围的任何人都有可能成为他们的同伙，如果你需要与高冲突人格者打交道，你就应该先假设他们身边有同伙的帮助。所以当有人接近你，声称是要帮助或代表高冲突人格者时，你可以先把他们看成高冲突人格者的同伙，然后利用人格识别技能，留意他们的言行举止，谨慎行事。如果可能的话，在你与疑似高冲突人格者的同伙见面时，在附近为自己安排一位见证人。

但是，请记住在面对疑似高冲突人格者的同伙时请不要对他们发火。为他们实际上可能是高冲突人格者的家人、朋友或者专业人士（心理咨询师、律师或调解人等），或是高冲突人格者极端行为的受害者。我发现，在不确定他们是高冲突人格者的同伙之前，询问他们对某些情况的看法会有利于你的判断。要注意，要以共情、关注和尊重的态度与高冲突人格者周围的人接触，并尽可能地提供准确的情报信息给对方。即使他们是高冲突人格者的同伙，他们在听完你的观点后也可能会不再支持高冲突人格者。

就像我前面说过的那样，如果你与一个疑似高冲突人格者的同伙见面，那一定要为自己找到一个积极支持者。他可以是你的家人、信任的朋友或专业人士（如顾问、律师或调解人等）。你必须保证你的积极支持者不会迫于高冲突人格者的压力而仓促地给出结论。在你与高冲突人格者或他们的同伙的对抗中，你的积极支持者不应该发挥比你更大的作用；相反，你的积极支持者将给予你支持和鼓励，而不会在争端中表达立场——除非他充分调查了事实。

在与高冲突人格者的对抗中，积极支持者可以不在场，只需要他在幕后帮你准备好如何应对。他们可以建议你对高冲突人格者采取什么样的行动计划，或者为你提供可以帮助的人脉或资源。他们可能是你的家人、朋友、律师或心理咨询师，他们不鼓励你站队（高冲突人格者的同伙会采用这种方式），而是鼓励你寻找解决问题的有效方法而不是去指责任何人。

如何与高冲突人格者的同伙打交道

如果你与一位高冲突人格者发生了冲突，那么与他们的同伙接触通常会对你有利，无论他是一个积极的人还是一个消极的人。如果他们的同伙以中立的方式向你伸出援手，这一点对你尤其有利。我发现，通过使用CARS策略可以让高冲突人格者的同伙冷静下来，甚至还可以用来扭转他们的错误观点。我想强调的是，与高冲突人格者的同伙沟通时，以尊重的态度表达你的观点来回应他们的错误消息。比如，你可以说："我听得出你很担忧。在你继续讲之前，我多为你提供一些信息吧。"然而，正如我之前所建议的那样，如果你们有面对面私下交流的机会，你需要带一个人和你一起去，那个人应该是一个不会引发冲突、能够记住你说过的话并在需要时能支持你的人。

有时，与高冲突人格者的同伙见面并不是一个好主意。如果他们表现得咄咄逼人，那么你也许可以考虑过段时间后再接近他们。如果你觉得和他们见面会一直有危险，那么最好让其他人代表你与高冲突人格者或者他们的同伙沟通。这个人可以是你的普通的朋友或亲人、治疗师、律师，或是你的积极支持者。

但是，如果你认为他们是安全的，那么你可以考虑和高冲突人格者的同伙进行一次非正式的沟通，这可能是一个可以委婉地解释你的观点的机会，并能够借此机会回答他的疑问。当他们意识到你的态度很开放，也比较认同你的观点时，就为他们重新考虑自己的立场创造了可能性。

不要成为高冲突人格者的同伙

在本章结束之前,我想提醒大家,我们所有人都有可能成为高冲突人格者的同伙。对那些看起来很沮丧、希望你支持他们反对别人的人,以及那些总是希望你能站在他这边的人,保持合理的怀疑态度,慎重和他们接触总是有百利而无一害的。

如果你与一位疑似高冲突人格者谈恋爱,你可能被要求帮他们的忙,或者为了他们与你的朋友、父母甚至是你喜欢的人吵架。需要记住的是,如果他们认为同伙对他们的支持力度不够或者同伙没有按照他们要求的方式去支持他们时,他们会和同伙翻脸。所有的高冲突人格者面对同伙的退却,都会有被背叛的感觉。

如果高冲突人格者试图拉拢你成为他们的新同伙,那么从一开始就要拒绝他们。你要试着强调他们的问题最好由他们自己或其他更了解情况的人来处理比较好。另外,你可以表现出一点兴趣,但是对于他们之间的冲突,不要表明你的立场。你可以这样说:"这听起来真的太糟糕了,但我认为你一定可以处理好的。试着读一些关于这方面的书,或者咨询一下有这方面经验的人。很抱歉,在这一点上我没有资格帮助你。"

结语

要意识到除了高冲突人格者之外,你还难免会与他们的同伙打交道。重要的是你要做好和他们及他们的同伙打交道的准备,这样就不会被一些意想不到的情况吓到了。对于那些你不确定的或让你不舒服的谈话,一定要准备一些简短的话术来应对,比如"那很有趣,我得考虑一下",把自己从不确定的或让自己不舒服的谈话中解脱出来,然后休息一下,想想下一步该怎么做,或者征求一下你信任的人的意见。

如果你不想把脆弱的情绪展示给那些可能想要毁掉你生活的人,或者不想情绪化地处理和他们的冲突,或者不想让自己轻易地被他们操纵,那么你就要学会避免因愤怒、恐惧、无助或过度反应。在你与真正的朋友或心理咨询师分享你的感受之前,请尽力保持冷静。

虽然上述的这些信息可能让你觉得面对高冲突人格者和他们的同伙是件很困难的事情,但你在阅读本书的过程中培养的人格识别技能已经能够让你从一开始就成功地避开他们,或者能让你从一开始就能够有效地应对他们。

第 10 章

不明真相的人
该如何寻求帮助

当你成为一个高冲突人格者的指责对象时,这可能会给你造成严重的后果。你会感觉很孤独,很无助,就像你是唯一经历过这一切的人,不知道该找谁倾诉。被高冲突人格者操纵,可能会让你觉得没有人能理解你,或者即使说出来,别人也会认为你是错的。高冲突人格者会颠倒黑白。在高冲突人格者及其同伙看来,你认为合理的事情在他们看来可能完全是错误的,而你认为完全错误的事情在他们看来却是合理的。

不过请放心,世界上任何时候都有数以千万计的人在和你一样经历着同样的事情。虽然现在很少有人了解高冲突行为和高冲突人格的模式,但以后会有越来越多的人因为经历过,所以了解这种痛苦。虽然大多数人并不了解高冲突人格者指责对象的具体感受,但是他们能够判断出这些情况并不正常。如果你可以按照我在这本书中描述的高冲突人格的应对模式去向人们解释你的处境,那么你会发现人们其实可以理解你的遭遇。

如何寻求帮助

你应该向谁倾诉？谁能明白你在说什么？无论是工作场所还是家庭中的暴力事件，那些熟知欺凌者的人（比如心理咨询师、律师、警察和其他人），往往是你巨大的支持来源，因为同一类型的攻击方式是许多高冲突人格者的共同模式。虽然这些人可能并不熟悉高冲突人格或人格障碍的概念，但他们通常能够熟练地应对施虐者或经常说谎的人，并且可能会为你提供一些建议。

在讨论如何让他们了解你的处境之前，我们会先来详细介绍一下当你面对高冲突人格者时，应该向哪些人寻助以及如何求助。

求助对象一：心理咨询师

大多数咨询师都接受过治疗系统的心理健康问题的培训，比如抑郁、焦虑、药物滥用和人际关系等心理健康问题，但他们可能不太善于处理高冲突人格和人格障碍这一类的问题。心理咨询对于人格障碍者来说，实际帮助并不大。当然，也可能是偏执者很少去咨询心理咨询师的缘故（他们多疑，不信任咨询师）。反社会型人格者在心理咨询中可能会变得更糟，如果他们学会了共情和关注的语言，他们就可以模仿这些语言来操纵他人或者制造骗局。

一定要找一位受过人格障碍治疗培训的心理咨询师。例如，许多心理咨询师接受过辩证行为疗法（Dialectical Behavior Therapy，DBT）、图式治疗（Schema Therapy）和其他的认知行为疗法（Cognitive-Behavioral Therapy，CBT）的培训，这些治疗方法可以让人们的消极思维和行为转变为积极的思维和行为。专业人士可以帮助你理解和预测在高冲突人格者身上可能出现的问题，并帮助你制定解决这些问题的策略。然而，即使是心理咨询师也可能在情感上被高冲突人格者所影响，并认为是你而不是高冲突人格者导致了冲突。因此，先选择三位心理咨询师来面试一下，看看他们是否真的能帮到你。

试问一下他们以下四个问题：

- 你接待过多少有边缘型、自恋型或表演型人格障碍（或有这些性格特征）的来访者？
- 你是否接待过需要与有人格障碍的家人、同事、邻居或其他人打交道的来访者？
- 你是否曾经有过一个来访者，他可能是高冲突人格者的指责对象，他的生活被这位高冲突人格者蓄意或无意地毁掉了？如果有，你是如何帮助他们的？
- 你愿意从我带给你的书或文章中，更多地了解这类人吗？

总之，你可以从上述问题中考察一下他们对这类来访者的经验是否丰富，你与他沟通下来，感觉是否舒服，他们的回答是否令你满意，从而进一步做出最终选择。不过到底该如何选择，并没有固定的答案，主要还是取决于你个人的处境和感受。

求助对象二：律师

律师们也许没有注意到自己经常会接手一些涉及高冲突人格和人格障碍的案件。虽然律师参加的心理健康培训比心理咨询师少，但他们使用法律手段阻止高冲突行为的经验却非常丰富。许多高冲突人格者可能会碰触法律问题。他们要么是原告，因为生活琐事起诉他们的指责对象；要么就是被告，因为不良行为被他人起诉。

大多数律师可能处理过类似的纠纷，比如：房地产纠纷、雇佣纠纷、商业纠纷、人身伤害案件、离婚案件，等等。你一定要寻找一位经验丰富的律师来处理你与高冲突人格者之间的冲突。最理想的情况是别人转介绍给你的、这方面口碑不错的律师。

和心理咨询师一样，我建议你至少面试三位律师，然后从中挑选一位让他接手你的案子，或者作为你自己处理案件时的法律顾问。在你决定自己处理案件之前，请考虑一下你的案件规模、案件的复杂性、你面对的高冲突人格者的难搞程度，以及对方律师是否是对方的同伙。案件越难、越大、越复杂，你聘请律师的作用就越大。下面是一些你可能在面试律师时会问到的一些问题：

- 你处理过类似的案子吗？你是怎么处理的？
- 你是否曾经处理过另一方是人格障碍者的案件？
- 你是否曾经有过一个客户，他是高冲突的人格者的指责对象，他的生活被这高冲突人格者蓄意或无意地毁掉了？如果有，你是如何帮助他们的？
- 你是否愿意从我带给你的书籍或文章中学习更多相关知识，或者和一名心理咨询师（他对我的案子涉及的人格类型很熟悉）谈谈吗？

与面试心理咨询师一样，根据你的个人情况做出选择。至于谁才是最合适的人选并没有标准的答案。你必须根据他们的专业性、能力、谁能更好地支持你以及和谁沟通起来更舒服来选择一位你认为最适合你的律师。

求助对象三：家人和朋友

很多时候，家人和朋友可能是帮助你远离高冲突人格者的最大的支持者。然而，你必须注意，他们的言行举止必须是积极的，而不能是消极的。记住，一个高冲突人格者的强烈情绪可能会严重影响到双方当事人的情绪。

你的朋友和家人会本能地想去推动案件，告诉你该做什么，并直接代表你和高冲突人格者及其同伙沟通。尽管家人和朋友的意图是好的，但评估一下他们急于帮助你的情绪强度，如果你注意到上述这种情况发生时，请提醒你的家人和朋友什么能帮到你，而什么则不会。告诉他们如何成为一个积极的支持者，并设定明确的界限，以防止他们成为消极的支持者：

- 给你鼓励或支持，而不是告诉你该做什么；
- 向你介绍或推荐对你案件有帮助的人、阅读材料和网站信息等资源，并向你提出建议，你要根据自己的理解有选择性地采纳或拒绝；
- 未经你批准，不要代表你和高冲突人格者或其同伙沟通；
- 不要花太多时间在你面前苛刻批评高冲突人格者及其同伙，因为这只会让你很难积极思考并专注于寻找解决方案。

解释模式

你向其寻求帮助的那些人可能并不会认为高冲突人格者的行为有问题，他们反而可能告诉你，是你反应过度，或者你才是引起问题的那个人。不要试图与他们争论，但要确定你是否需要他们的帮助。继续寻找那些能够理解和解释你正在面对的高冲突行为模式的人，但要记住，在你熟悉此人之前最好不要在他面前使用"人格障碍"或"高冲突人格"等词语。因为许多人一开始对这些词的接受能力有限，所以他们可能会认为你在骂人或你描述得过于夸张。

一旦你决定好了要求助谁，就要冷静地向对方解释高冲突人格者所做的伤害你的行为。以三个最让人讨厌的行为为例，向他解释这些行为模式为何没有他人帮助就不会停止。再举三四个最让人讨厌的不断重复的行为模式的例子，并说明它是如何伤害到你和他人的。当你要求助的对象听到一个有争议的事件时，他们可能没有看到事情全部的真相，你要提醒他们避免被蒙蔽。

以下的例子将涉及本书最后几章中出现的所有关于高冲突人格者同伙的知识点，也充分展现了如何通过向潜在的积极支持者描述三种关键行为来扭转不利的局面。

案例：需要帮助的高校工作者

安杰莉卡是一所大学新入职的秘书。她和顶头上司罗杰斯博士共用一间办公室，罗杰斯博士负责一个特别的项目。他和其他人相处时总会表现得非常愉快，但每当他身后的门关上时，他的表现就会发生巨大的变化，他会冷言冷语地对安杰莉卡说："我已经告诉过你一百次了，给那些从外地来参观我们项目的人每人发一封手写的感谢信。我不希望你只是发送一封电子邮件来表达对他们的感谢。""我们是独一无二的！你必须一直告诉所有人！为什么你总是不理解我的意思？！这句话理解起来有这么难吗？！"或是"我明天早上会很晚才来。如果有人找我，你就告诉他我来了，但我很忙，没空见他。"有时，安杰莉卡还会无意中听到他在电话里对其他人大喊大叫。

罗杰斯的这些行为都让安杰莉卡非常紧张。她永远不知道他下一句会对她说什么，只知道可能是不太好的话。她喜欢这所大学与这份工作，不想冒着顶撞上司的风险而失去工作，所以她开始试着与大厅里的一位工作人员闲聊，向对方打探她的上司在那所大学里的名誉如何。

"哦，所有人都认为他太棒了！他甚至会给所有从外地来参观项目的人写感谢信。他对我们总是很好。我想他在这所学校会发展得很不错。对了，你为什么这么问呢？"那位工作人员好奇地问道。

安杰莉卡只能说她只是好奇。不过她还是想知道是否还有其他人知道他私下的真实面目。但是就算有人知道，他们应该也不会说出来的。考虑到罗杰斯博士在学校的名誉，她认为他只是挑她的毛病而已。

后来，安杰莉卡遇到了罗杰斯博士的妻子。当她和安杰莉卡独自相处时，她说："我知道和我丈夫一起工作会比较辛苦。但你不要冒险给他惹麻烦，我们全家人要靠他养活，家人都希望一两年后，他能被提拔。"安杰莉卡对此感到十分困惑。

罗杰斯博士看起来就像高冲突人格者：因为他把安杰莉卡当成了指责对象，而他妻子的私下谈话也表明了他也曾这样对待过别人——甚至可能是他自己的妻子；他还要求安杰莉卡在他迟到时帮他掩饰，把安杰莉卡当成他的同伙；他似乎也有自恋的特点——试图让自己给人留下一个更好的印象。但对安杰莉卡来说，他又是傲慢无礼的。安杰莉卡可以使用应对高冲突人格者的方法解决其上司的问题。但是，她需要帮助。她能从谁那里得到帮助呢？

她应该和罗杰斯博士谈谈还是人力资源部门的人谈谈？抑或是向罗杰斯博士的上司投诉他职场霸凌？最后，她想起她表妹在学校另一个部门工作，安杰莉卡决定和她谈谈。

"我觉得你什么都不应该做，"她的表妹说，"你只是太敏感了。我听说过他，每个人都认为他在这所学校会发展得很好。此外，如果每个人都喜欢他，无论你说什么，别人也不会信，你遭受的损失没准比他还大，我建议你还是接受现状吧。"

安杰莉卡觉得自己有点崩溃。有谁能站在她的立场上替她考虑呢？她从未遇到过像罗杰斯博士这样难相处的人。正如我们所讨论的，这在处理高冲突人格者时很常见。因为高冲突人格者通常外在表现得很好，让人很难相信你的一面之词。

"但我有个主意，"她的表妹说，"许多大学都有监察办公室，他们会帮投诉的人保密，他们可能会帮助你或告诉你找谁倾诉。"

在去监察办公室之前，安杰莉卡决定先梳理一下自己的想法，以便与她交谈的人能够理解她面临的是一个严重的问题。注意安杰莉卡应该选择罗杰斯博士高冲突行为的三种情况，每种情况举三个例子，因为说得太多了会让人不知所措，说得太少又无法体现高冲突行为的严重性。之所以选择三个例子是因为三个有助于说清楚行为模式，而又不至于信息太多让对方听不进去。以下是她描述的模式：

第一种行为模式：**他经常突然发怒，发怒时，他会对我说非常轻蔑的话**。然后，她写下了三个最糟糕的例子，包括发生的时间和地点（以此表明她的说法是可信的，也让监察员更容易记住）。

第二种行为模式：**他把我做的事全揽在自己头上，好像是他自己干的**。她举了感谢信的例子，还有另外两个例子。

第三种行为模式：**他把自己包装成一个超级好人，而私底下却不把我当人看**。

她还举了两个例子来说明他如何在背后议论他人。还有当他的妻子和她聊天时，他的妻子告诉她在家里也会经常发生类似的事情。

当她在监察员办公室与女监察员交谈时，这位女监察员完全明白安杰莉卡的意思，她说："我接手过几起类似的案件，所以我知道你与这位疑似有高冲突人格的领导打交道是一种什么感觉。让我们一起来看看你都有哪些选择……"

安杰莉卡感到非常宽慰，她找到了一位了解高冲突人格者及其同伙的人。虽然监察员办公室无法直接替她解决问题，但给了她几个选择，让她能够继续工作，不再感到孤独无助。

高冲突状况的三种可能性

在上一个例子中，安杰莉卡仅仅通过揭露罗杰斯博士的负面行为就能获取帮助。但是，如果你的一位潜在积极支持者需要你提供更有说服力的观点，那么这种情况下使用"三种可能性理论"都是有帮助的。当一个人对情况只有一种看法时，无论这个人是你还是高冲突人格者，往往都会出错。以下是"三种可能性理论"，可以降低你的潜在积极支持者错误指责你的风险。

- 第一种可能性：B 说 A 有问题，同时 B 表达的是客观真相，那么这时 A 可能是高冲突人格者。
- 第二种可能性：B 说 A 有问题，但实际上是 B 自己有问题，而不是 A 有问题。这是因为 B 在向 A "投射"他自己的消极思想、感情或行为。那么 B 可能是高冲突人格者，而 A 不是。
- 第三种可能性：A 和 B 都有问题，两者都可能是高冲突人格者。

实际上，每当有人告诉我们别人有问题时，我们都应该依照这三种可能性来探究真相。这三种可能性表面上看起来很相似，因为它们都涉及高冲突情绪。但是，如果我们匆忙地下结论，我们出错的可能性就很大。高冲突人格者尤其如此，由于他们喜欢指责别人，而且他们的高冲突情绪具有高度感染力，因此非常容易说服别人。

通过向某人解释这一点，并分别向他们阐述这三种可能性，或许可以帮助他打开思路，让他知道你才是那个受害者（并非相反）。我做律师时的大部分工作，就是让别人相信我的当事人是无辜的受害者，需要被保护起来，免受高冲突人格者的伤害。有时候这个过程可能需要持续几个月甚至几年。不过耐心点，请坚持下去。

关键在于打开决策者、潜在支持者或其他相关人员的思路，以便所有相关的人都能考虑这三种可能性。一旦他们考虑全面了，他们就更容易专注于寻找支持/反对每种可能性的证据，并最终探寻到事情的真相。以下的例子将上述"三种可能性理论"用于解释所谓的家庭暴力的高冲突情况。

三种可能性理论的实践

卡罗琳打电话给警察，说她的男朋友凯文——也就是他们两岁孩子的父亲，一直在殴打她。警察来了，凯文却说他从未碰她；相反，他说她把头撞在墙上是为了弄伤自己，好让他被警察下限制令不许他进家门。凯文还说卡罗琳生他的气是因为他不肯给她钱买毒品。

在这种情况下，对于到底应该相信谁，以及应该将谁从家中带走，警察必须快速做出决断。

如果你是警察，你会相信谁？你发现自己会不由自主地相信卡罗琳或凯文吗？如果是，那你很有可能会出错，这叫作"证真偏差"。它意味着人们希望去寻找与他们原来所持有观点相一致的信息，任何与此观点相冲突的信息都会被忽略掉，而一致的信息则会被高估。

正确的做法是，运用高冲突状况的"三种可能性理论"来分析，并寻找任何能支持/反对每种可能性的证据。例如，凯文有家庭暴力史吗？警方可以很容易查到他的被捕记录；卡罗琳有吸毒史吗？警方可以在她身上寻找注射毒品的针眼或针眼结痂，或者向凯文索要卡罗琳吸毒的证据，比如医院就诊记录或开药的处方。警察必须充分考虑高冲突状况的三种可能性，否则如果弄错了，可能会让他们的孩子处于危险之中。

不幸的是，有时警察、心理咨询师、律师、法官和其他决策者未能充分考虑到这三种可能性，从而做出了错误的判断。

结语

高冲突人格者的指责对象通常需要获取他人的帮助和支持，才能摆脱高冲突人格者或高冲突状况。毫无疑问，高冲突人格者很快就能够找到同伙并获得他们的支持。然而，如果你与高冲突人格者打交道时想要获得帮助，那么便涉及要向你求助的对象解释高冲突人格者颇具迷惑性的行为模式，由于高冲突人格者会想方设法让他们的指责对象看起来像是唯一有问题的人，因此这也会增加解释他们行为模式的难度。

总之，重要的是让人们考虑到每种冲突状况的三种可能性，并让人们找到支持和反对每种可能性的证据和论点。告诉他们你最近学习了人格识别技能，并展示高冲突人格者的负面行为的三种模式，以及每种模式下三个最糟糕的例子，证明你已经被高冲突人格者盯上。总结起来，就是"三个三"：三种可能性、三种模式、每种模式下举三个例子。

另外，不要浪费时间和精力去说服那些不想了解你的处境并因此而指责你的人，这不是你的错。如果你试图说服他们，很快就会让你变得筋疲力尽，反而对你不利。许多人缺乏人格识别技能，你可能会发现他们很难理解你的立场，或者他们本身也是高冲突人格者。所以，尽量不要把他们的不支持看作针对你个人的事情；相反，把你的时间和精力放在寻找真正愿意倾听和理解你的人身上。

第 11 章

为什么会有
那么多的高冲突人格者

无论何时，人们总会问我："为什么会有那么多的高冲突人格者？""为什么他们的人数还在不断地增加？"关于这两个被问过上百次的问题，我已经持续思考了近20年。在本章中，我将从历史的角度回答以上问题，并结合我自己的观点谈一下这两种现象对未来社会的影响，综合起来我称之为"高冲突理论"（the HCP Theory）。

如果这五种高冲突人格者对他人和自己有百害而无一利，那么为什么他们仍然存在？

我认为，从历史的角度来看，导致极端行为的高冲突脑回路是战争时代的社会产物，它在战争时代是非常有用的，但在和平年代却常会造成不必要的破坏。它在历史上的流行程度似乎取决于当时社会的混乱程度。在社会动荡时期，我们会看到更多的高冲突人格者。例如，我们目前看到高冲突人格者数量在增加，部分原因是我们生活在一个技术迭代和社会快速变革的时代。同时，大量关注负面高冲突行为的媒体价值导向也助长了这一问题。媒体热衷于报道这些负面的形象和行为来博人眼球，但同时这一行为也在影响下一代人的人格形成，使高冲突行为成为人际关系的新常态。对一些人来说，媒体宣传的这种文化塑造了他们僵化的人格——高冲突人格。

左右脑和高冲突人格的关系

想要进一步探索高冲突人格理论，我们首先需要了解的是，通常情况下，"高冲突人格"和"人格障碍"这两个概念是密切相关的。但是，多数律师和职场人士却对此一无所知。

正如我们之前讨论过的，这种相关性解释了他们单一、极端的思维方式，强烈的、抑制不住的情绪，一味地指责他人，以及极端行为或威胁行为这四种特征。但后来我发现，有高冲突行为的人和那些人格障碍者在生理上也有重要的相似之处。

几年前，我和美国加州大学洛杉矶分校（UCLA）的精神病学家、大脑研究员艾伦·肖尔（Allan Schore）博士一起参加了一个为期两天的关于右脑的研讨会。那次研讨会使我对高冲突行为的研究有了更大发现。

大脑研究发现，所有人都有两种完全不同的解决冲突的系统，每种系统会对应激活我们大脑的左右两个半球：

- 第一种系统可以拯救我们的生命，让我们能够在危机中迅速采取行动；
- 第二种系统可以让我们针对存在的问题进行详细分析，并提出解决方案。

情绪脑（The Relationship Brain，RB）对应的是第一种系统，它

主要起到防御保护的功能，在我们大脑的右半球最为活跃。大脑的右半球总是关注我们与周围环境的关系，以识别威胁或潜在的危机——包括身体自身的危险以及人际交往上的危险，例如带有一定威胁的语气、面部表情或手势。

肖尔博士解释说，事实上，右脑连接的神经元比左脑要多。所以，当你凭直觉做决定时，你更有可能在用右脑思考，这有助于我们采取快速行动以避免危险发生。

理性脑（The Logical Brain，LB）与右脑的快速反应不同，左脑更多地被我们用来解决复杂的问题。其中包括探究细节、分析备选方案以及规划未来等。虽然这种思维模式的速度较慢，但却更加准确可靠。

左右脑的协作

一般来说，左脑和右脑的配合非常密切，大脑可以在两种不同的系统间来回切换。肖尔博士说，大多数情况下左脑控制着我们的思维，但在危机中，右脑会迅速接管并保护我们。然而，当一边脑半球的思维方式占主导地位并更为活跃时，另一边脑半球却仍然可以保持一定的活跃度。那么它们究竟是如何实现完美协作的呢？

答案就是脑半球之间的"桥梁"——胼胝体。它有2亿~3亿个连接左右脑的神经元组成。对大多数人来说，它把左右脑连接得十分顺畅。但如果胼胝体出现障碍，会怎样呢？

哈佛大学精神病学副教授马丁·泰歇尔（Martin Teicher）和同事

进行了一项研究。他们发现，许多经常被虐待的儿童的胼胝体会受损并且体积更小，这使得他们难以在解决复杂问题和处理危机的模式之间来回转换。所以，有可能前一分钟他们还很友好，但下一分钟他们就会莫名其妙地愤怒，听不进去任何道理。

并且有研究表明，胼胝体受损可能是导致成年人出现边缘型人格障碍的原因之一。许多边缘型人格障碍者在一些研究中也呈现出了左脑和右脑交流困难的情况。这就可以解释为什么这种人格障碍者会经历如此频繁的情绪波动：从极其友好和符合逻辑到怒不可遏和不理智，有时在短短的几分钟内会反复出现。这种胼胝体受损可能是由于身体虐待、性虐待、语言虐待、被忽视，甚至是在战区长大的精神压力造成的。

事实上，泰歇尔的研究表明，胼胝体缩小可能有助于儿童在危险环境中长大。胼胝体越小，人们在战区或家庭暴力中的生存反应速度就越快（他们不会花费宝贵的时间去分析冲突情况）。当然，对压力一触即发的反应，例如"战斗或逃跑"反应[1]，在工作场合的和平的成人环境中并不能很好地发挥其作用。

不过，好消息是通过辩证行为疗法等治疗方式，可能有助于激活胼胝体功能。一旦人格障碍者学习了如何控制情绪和痛苦的实用技能，随着时间的推移，其左右脑就会通过胼胝体建立起更多的连接。

请记住高冲突人格往往与人格障碍密切相关，这项研究结果和其他大脑研究结果共同解释了大多数高冲突人格障碍者在有压力的环境

---

[1] 应激条件下机体行为反应的一种类型。由坎农（W. B. Cannon）提出，反应可使躯体做好防御、挣扎或者逃跑的准备，应激反应的中心位于丘脑下部。——译者注

下会产生错误逻辑的原因。这也解释了为什么安抚高冲突人格者的最佳方式是CARS策略（先接近他们，再帮助他们深度分析、回应他们并约法三章）。如果你一开始就咄咄逼人，或者试图让他们认识到自己的不良行为，那么只会让事情变得更加糟糕。你之前学到的CARS策略，一定程度上预测到了高冲突人格者的大脑反应，从而才能使他们平静下来用理性脑来进行理性思考。

高冲突人格形成的因素

这些高冲突人格是如何形成的呢？取决于你问的是哪个领域的研究人员，以及你问的是哪种类型的人格障碍者，你所得到的答案可能不尽相同。但整体来说，40%～80%的人格障碍可能是天生的。人格研究者说，我们与生俱来的人格特质会随着生活经历而增强或减弱。所以，高冲突人格的形成通常是先天本性和后天环境共同作用的结果。

例如，五种高冲突型人格障碍者似乎都遭受过负面的生活经历，尤其是在大脑正在发育的童年早期。比如，在童年早期，孩子和父母之间的依恋关系会对他的一生产生巨大的影响。如果这种依恋关系不是安全的（父母没有充分安抚孩子，只是让孩子按照自己的节奏探索），那么孩子可能会表现得黏着父母、对父母失去兴趣或者害怕父母。这些生命早期的应对方式是形成人格障碍的危险因素，当然，人格的形成也取决于其他负面或积极的成长生活经历。

如果虐待孩子或者孩子被教导得自尊心过强，也会引发更高的人格障碍风险，尤其是当孩子天生就具备这些人格特征时。

另一方面，反社会型人格障碍似乎比其他类型的人格障碍受先天影响更大，因此环境因素可能对反社会型人格障碍的影响非常小。这意味着他们在成年后最难改变，并且对自己伤害了谁也最漠不关心。

为什么他们生来如此？人格障碍者和高冲突人格者在历史上一直存在。它们成为人类基因库中的一分子，是有其原因的，否则它们不可能存在这么久，这就是我的解释。

根据人类学家的说法，以我们现在的脑容量来推算，人类已经存在了大约15万~20万年。然而，大约直到7.5万年前，人类才发展了语言。众所周知，大约直到5000年前我们才发明了文字。因此，在人类历史的前半段，我们一直是用非语言的方式（可能是咕哝声、手势和面部表情）进行交流。

即使在今天，大多数人也都认为90%的情况下我们都还在用非语言的方式交流。由于右脑可以处理我们大部分的非语言交流信息，所以，即使现代通过书写或其他方法可以帮我们解决问题，那些拥有更强的情绪表达和攻击性行为能力的人也能够更快地吸引我们的注意力，更容易操纵我们。因此，在某些情况下，高冲突人格者表现出的极端特征实际上是生存和成功的优势特征。

另外，在战争时期，高冲突人格者能起一定的作用。

反社会型高冲突人格者。他们是冷酷无情的战士。许多反社会型高冲突人格者很享受伤害他人、甚至杀死他人的过程。他们会不择手段地支配别人，并且对任何试图支配他们的人都保持高度的防御性。他们是大冒险家，即使这可能会危及生命，他们会追求刺激。在激烈的生死搏斗中，他们是你最想并肩作战的人。他们还荒淫无度，这有助于战后人口重建。

自恋型高冲突人格者。他们是高高在上、优越感十足的领导者。他们魅力十足，说服力强，足以让别人自愿追随他们并相信他们。他们喜欢用蔑视和公开羞辱的方式来对待仇敌，却用赞美和关注来逢迎自己的亲信。他们在政治和性方面非常有魅力。这些特质也有助于增加他们追随者的数量，并让别人信服他们。他们是领袖的最佳人选，因为他们认为自己优于规则、法律和制度。但他们通常不擅长在革命后建立和平的社会或组织。正如我前面提到的，联邦调查局的一份特工报告显示，许多恐怖分子头目都有这种性格。在某些情况下，推翻现有秩序可能是取得进步的必要条件，但在其他情况下并非如此，所以这些自恋型领导人总是在和平时期被赶下台。

边缘型高冲突人格者。他们用极端的方式保护着自己的家人和集体成员，他们紧紧地围绕在孩子和配偶的身边。他们可能是战争中最容易幸存下来的一类人，因为他们拼命保护家人避开所有的外部威胁。为了保护自己的家园和集体，他们可能会有极强的嫉妒心，有时甚至会采取暴力行为。作为丈夫，他们可能会通过身体的支配和控制来"保护"妻子；作为妻子，她们可能会对配偶的不忠行为保持高度警惕，并会严格控制孩子在自己附近活动。这也许会帮助一个家庭在充满威胁的外部环境中生存下来。

偏执型高冲突人格者。他们对任何人都非常怀疑。他们可能会比别人先发现敌人或潜在的被背叛的风险，时刻警惕组织内外的阴谋，并牢记别人的罪过和恩怨，因为这有助于他们抓到叛徒。

表演型高冲突人格者。他们非常戏剧化，对极其轻微的事件和社会不当行为都反应强烈。他们擅长吸引别人的注意力，并让每个人都关注他们所说的故事和危机。他们可以消除家庭或集体中的个人干扰，并将所有人聚集在一起，听取他们讲的爆炸性新闻。这可能有助于整个集体的生存。

现在，你了解了各类高冲突人格者帮助自己的家庭和集体生存下来的方式（甚至早在口语和书面语出现之前）。换句话说，他们可能只是没有战争或其他极端动荡的现代文明社会中的"骚动"。事实上，管理和约束高冲突人格者可能是一个成功文明的标志。

文化对高冲突人格的影响

正如本章开头提到的，我认为文化影响在高冲突人格的形成中也发挥了重要作用。简·腾格（Jean Twenge）和 W. 基斯·坎贝尔（W. Keith Campbell）在其合著的《自恋时代：现代人，你为何这么爱自己》(*The Narcissism Epidemic: Living in the Age of Entitlement*) 一书中指出，一个人的个性发展更多地会受到其出生的时代背景文化的影响，而不是原生家庭的影响。我并不这么认为，因为根据我作为心理咨询师的经验，我相信原生家庭的影响更为重要。但是，文化的影响的确非常强大。

如果你将 20 世纪 20 年代出生的人与 20 世纪 80 年代出生的人进行比较，就很容易能够看到这一点。第一组人被称为"最伟大"的一代，他们经历了第二次世界大战和 1929 年的美国经济大萧条。在那个年代,失业率高达25%,人们流离失所,食物紧缺,人们互帮互助,这是一个充分体现无私和牺牲精神的时期。他们甚至不喜欢谈论自己,而是把家庭、集团和国家看得高于自己。所有这些时代文化特点塑造了他们这一代人的共同性。

另一方面,从20世纪80年代到21世纪10年代出生的千禧一代,是伴随着电脑长大的第一代人。对于他们来说,花时间在许多电子设备上是再正常不过的事情。擅长使用电子设备,对社会发展和经济发展都起到了很重要的作用。个人英雄主义已经成为一种趋势。当然,当生育控制和小家庭成为主流文化之后,这种关注自我及个人得失的个性开始流行,起始时间大约在20世纪60年代到70年代。

从20世纪70年代开始,摇滚明星、电影明星、体育明星和亿万富翁成了最受崇拜的偶像。个人权力和自由已经成为人们政治能量的焦点——无论对哪一个党派来说都是如此。

当集体主义变得比个人主义更重要时,会有很多针对高冲突行为的社会制约以及对这种行为的批判的声音。但是现在,高冲突人格者受到的制约少了,受到的关注却多了。更不可思议的是,他们的行为还会帮助他们获得更多的媒体关注、经济收益以及政治权力。当这些高冲突行为不受制约反而受到赞美时,就会有更多的高冲突人格者出现。

就人格障碍而言,这五种高冲突人格障碍者的数量似乎每年都在上升。美国国立卫生研究院最新的研究表明,人格障碍在最年轻的年龄组(20~29岁)中占比最多,在最年长的年龄组(65岁及以上)中占比最少。由于人格在人的一生中是相对稳定的,所以在我看来,这是现代社会中人格障碍者人数增加的缘故，同时也说明年轻群体中的高冲突人格障碍者的数量增加了。

为什么会出现这样的情况？我认为，通过过去 20 年媒体的密集曝光，我们的文化传播了大量的人格障碍的行为。自 20 世纪 90 年代以来，有线电视和互联网的出现以及印刷媒体的消失，加剧了这种状况。我们的媒体全天候播放着不良行为的新闻报道和极端戏剧化行为的电视节目，以此博人眼球。虽然这对成年人来说可能是一种娱乐，但对孩子们来说却是一种教化。设想一下，如果你第一次来到地球，打开我们的电视，你甚至可能会认为地球各地都处在战争中——尽管现在比历史上的任何时期都更加和平。那么，为什么在一个相对和平的时期，高冲突人格者的数量却在不断增加呢？

当然，在和平时期，高冲突人格有时也可以起到一定的积极的作用。比如：高冲突人格者会引起我们的注意，当人们感到有大量的不稳定因素或者社会僵化时，他们可能会打破现有的秩序。我们现在可能正在经历一个社会冲突期，因为我们社会的某些方面正在变得过于僵化（收入不平等、人民缺乏上进心、政府管理不力等），其他的社会不稳定因素也更加突出（比如互联网、枪支暴力、战争等）。

另外，我们经常会听到某科技公司"颠覆"了整个行业这一类的新闻。然而，这些科技公司中的某些早期领导者有可能是高冲突人格者，尤其是自恋型高冲突人格者。这些领导者是变革者，他们推行极端的思想和行为来改变我们做事的方式——有时会让我们变得更好，有时会让我们变得更糟。

史蒂夫·乔布斯（Steve Jobs）就是一个典型的例子。他在硅谷以单一、极端的思维方式，强烈的、抑制不住的情绪，极端的行为或威胁行为而闻名，他总是冲动地向别人发火，在电话里大喊大叫或当众羞辱别人。但是他成功地打破了许多行业的许多领域（比如电脑、音乐、手机、摄影等），并得到了无数人的赞誉。这是因为他周围有人能够充分地信任他，使他的思想和才能发挥到极致，同时限制了他的极端行为。

当然，并不是每个高冲突人格者都能像史蒂夫·乔布斯一样对社会做出贡献。由于高冲突文化会催生更多的高冲突人格者，所以无论是好是坏，我们都必须学会人格识别技能，以便能够更好地生存下去。

结语

> 无论是作为国家、集体、家庭中的一员还是作为我们个人，我们都需要警惕高冲突人格者，并试着努力和他人建立一种既灵活又稳定的平衡关系。有了足够的法律法规，许多高冲突人格者才可以受到良好的管理，并成为对社会有贡献的人，但前提是需要有更多人具备人格识别技能。
>
> 共情在运用人格识别技能时变得十分重要。高冲突人格者可能是天生的，也可能是童年时被虐待或溺爱导致的，还可能是受到当前"高冲突"媒体文化影响而导致的。尽管并非他们自己选择去做一名人格障碍者，但是这些问题同样会毁掉他们的生活。

并且,这些人格模式根深蒂固,难以改变。不过,我相信随着人们对高冲突人格障碍的了解增加,我们自身和所处的社会就会更加平静。

这就是截至目前我对高冲突人格的一些看法。

第 12 章

识别高冲突人格的
重要武器：人格识别技能

为了进一步帮助大家理解和吸收本书的核心思想，我将在本章对本书的内容进行简要的总结。过去几年，我在法学院开了一个强化班，教学生如何管理法律纠纷中的高冲突人格。一些学生想知道用什么词语来概括高冲突人格者和非高冲突人格者之间的区别最为合适，这样可以让他们很容易就能判断出自己是不是高冲突人格者。经过一番讨论，我们一致认为这个词应该是"自我意识"。在最后一章，我想强调两种类型的自我意识：

- 有助于识别高冲突人格的自我意识；
- 有助于完善自身人格的自我意识。

接下来，我们将详细地讲一下这两种自我意识。

高冲突人格者和非高冲突人格者的本质区别

非高冲突人格者会不断反思自己的行为，总结经验，改变自己的行为，让自己变得越来越好。他们总是会问自己这样的问题："我究竟做错了什么会导致这样的结果？下次我应该怎么做？"这些都是健康的、有自我意识的反思，问自己这些问题有助于改善与他人的相处模式。第二种自我意识，也就是有助于完善自身人格的意识，它也是人类几乎可以在世界上任何地方都能生存下来的原因。自我意识是我们融入集体和获得成功的必要条件。

但是高冲突人格者和人格障碍者都缺乏这种人际交往的自我意识。他们注定会不顾后果地重复狭隘的行为。当然，这两类人的自我意识缺乏程度也会有一些细微的差别。有些人能够有少许的反思和改变，但程度十分有限，否则他们就称不上有高冲突人格了。

一般来说，高冲突人格者不会意识到自己对他人的影响。他们意识不到自己的攻击性和一成不变的行为模式会冒犯到他人，并会让他人疏远自己。他们对别人的情绪判断常常是错误的，却总以为自己能够读懂别人的心思。并且，即使所有的证据都证明事实并非如此，他们仍会把他人视作敌手。

如果你身边有一个关系密切的高冲突人格者，那你可能会意识到这一点。因为你们的自我意识不同，你有稳定的自我意识，而对方缺乏自我意识，所以你可能总觉得自己和对方相处时如履薄冰，疲惫不堪。对于高冲突人格者来说，缺乏自我意识会让他们感到抑郁和焦虑，因为他们的努力无法使其在人际关系中得到他们想要的结果；相反，他们总是把自己最担心的事情变成现实。

五种高冲突人格者的模式

下面让我们快速看一下这五种高冲突人格因为缺乏自我意识会造成什么样的不同。

- **边缘型高冲突人格者最害怕的是：被抛弃**。他们多变的情绪、紧张的神经，以及突然的愤怒和强烈的控制欲，会让人们感到愤怒并想要抛弃他们。
- **自恋型高冲突人格者最害怕的是：不被尊重，被视为低人一等**。他们傲慢自居，侮辱他人、渴望权力和追求赞美，反而会让人们认为他们是低人一等的，并想羞辱他们。
- **反社会型高冲突人格者最害怕的是：被别人支配**。他们渴望在情感上、财务上、身体上以及其他任何必要手段上支配他人，这让人们希望他们被囚禁起来，并由权力机关来支配他们。
- **偏执型高冲突人格者最害怕的是：被亲信背叛**。他们记恨并指责别人陷害他们，让人们不断积累对他们的不满，私下议论他们，最后离开他们（或背叛他们）。
- **表演型高冲突人格者最害怕的是：被忽视**。他们无休止的强烈的戏剧化模式，让周围人感到筋疲力尽，人们很快就厌倦了他们的故事，迫不及待地想要离开他们。

人格识别技能

我们已经讨论过了自我意识，现在让我们再来看看人格识别技能。人格识别技能是指识别他人和自己的行为模式。这不是靠直觉就可以判断的，而是需要我们不断地学习。不过在学习过程中，你有可能会退步，继续认为它们是强大的、善良的、有吸引力的，直到你真正学会为止。

你首先要知道自己寻找的模式是什么，然后再使用自我意识去识别。下面让我们看一下如何使用 WEB 策略来识别它们。

1. **话语识别**。注意他们说的那些吸引你注意力的词语，尤其是那些单一、极端的语言，比如："你总是……""你从不……""我说什么就是什么！""全都是你的错！"请记住，这些话我们偶尔都会说。但是，我想说的是如果有人经常以这种方式来表达自己的意见，你应该要注意他们的模式和强度了。

2. **情绪识别**。注意对方是如何处理自己的情绪的，以及你待在他身边的感受。这时你可以发挥自我意识去感受一下，这也是为什么我们说自我意识重要的原因之一。

首先，观察一下这个人的情绪是不是经常强烈到难以控制？表现为：易怒、爱哭、情绪起伏大、易受干扰；变得抵触任何小小的批评，而不是专注于完成任务；纠结于对过去的不满；容易一见钟情；也会突然憎恨他们曾经爱过的人；或者因为担心失控，他们的情绪变得高度紧张，但他们最终还是会逐渐失控，造成危险的后果等。

其次，当他们待在你周围时，你的情绪是什么样的？他们极端吗？极端消极的情绪是一种预警信号，表示他们的行为模式也可能是消极的；极端积极的情绪同样也可能是一种预警信号，即高冲突人格者有能力操纵你或你对他的印象。你觉得这些情绪与当时的状况匹配吗？我已经详细介绍了每一种高冲突人格者常见的情绪预警信号。如果你发现你待在某人周围有以下任何一种感觉，那么他们可能就是高冲突人格者。

边缘型高冲突人格者。你是否对这个人感到非常不爽，想要摇晃他们或对他们大喊，让他们停止不恰当的行为？你是否觉得你不想理他们，但很快又想和他们在一起？你是否觉得以前没有人对你这么好过？你是否又会觉得以前没有人对你这么坏过？你的情绪在随着这个人的情绪来回波动吗？想一想你和他们相处的过程，你是否觉得自己是个软弱可欺的人？

自恋型高冲突人格者。你是否觉得在这个人身边时，自己很笨或者不够好？你是否对这个人花时间和你在一起感到受宠若惊？当你想要向对方表达爱慕之情时，你是否感到有压力？当你和这个人在一起时，你会不会觉得去侮辱别人是件很不好意思的事情？你会因为这个人关心别人多过关心你而生气吗？你是否会觉得这个人对你失去了兴趣，或者正在别人面前辱骂你？你会觉得有时他们好像忘记了你的存在吗？

反社会型高冲突人格者。你有时会觉得和这个人在一起很危险吗？当这个人在你身边时，你是否有时会感到冷冰冰的，甚至有些毛骨悚然？有没有其他人告诉过你，这个人不可信，是个骗子？你是否强烈反对这种说法，也不打算询问其他人的意见？你觉得自己因为他而被别人孤立了？你是否觉得被这个人孤立了？你是否觉得你不能反对或离开这个人，否则会有危险？

偏执型高冲突人格者。你是否觉得你需要不断向这个人证明你是可信的？你是否觉得你无法告诉这个人你的真实感受？当你和别人谈论这个人的时候，你会不会把声音压低？你是否想和别人讨论对这个人的看法，但又不敢这么做吗？

表演型高冲突人格者。你一直想离开这个人吗？你是否觉得你不想听他们的故事，但又不得不听？你是否觉得和这个人在一起时连呼吸都觉得困难？你是否经常因为他们的情绪和故事而分散注意力，以至于什么事都做不成？

这只是一个简短的总结，简单地梳理了你身边有以上任何一种人格类型的人时可能会产生的情绪反应。因为高冲突人格者通常很情绪化，而且他们的情绪是会传染的，你要相信自己的感觉，保持自我意识，如果感觉不对，你应该对他们格外小心。

3. **行为识别**。这个人的行为是否让你感到震惊？回想他曾经做过的事情，你觉得有什么不正常的吗？你是否发现自己在为他们的极端行为寻找借口？记住 90% 原则，这个人有没有做过 90% 的人都不会做的事？一般来说，需要试着了解一下他们在之前恋爱或工作中的表现。当然，你可能会碰壁，因为其他人害怕这个人或他们不愿提起过去。这种情况下，你会明白他们还有很多话没有说出来。

注意，如果你觉得你必须替某人向别人道歉或替某人辩护，或者如果你不断地试图管理某人的行为，或者试图说服某人变成一个更好的人，那么请注意，这个人有可能是高冲突人格者。

如何回避和应对高冲突人格者

一旦了解了高冲突人格者，大多数人会避开他们。如果你选择继续和他们接触或者不得不与他们接触，那么可以采取一些基本的预防措施。比如，利用你的自我意识来帮助你决定是否要避开这个人，还是选择在某种程度上继续与他打交道。一开始的时候，你应该先反思一下是否对他们存在"过度"行为，比如：过度奉承（自恋型高冲突人格者）；过度关心（边缘型高冲突人格者）；过度帮助（反社会型高冲突人格者）；过度相信危言耸听的言论（偏执型高冲突人格者）和过度关注戏剧化事件（表演型高冲突人格者）。如果你想要做这些事来让对方冷静下来，或者打消他们的疑虑，那么听我的劝告，千万不要这么做，一旦这样的话，以后你想收手都很难。

如果这个人的冲突表现不是那么强烈，而你对于管理好自己和高冲突人格者间的关系又信心满满，并能从他们的优点中获益，那么你可以使用本书中的方法来与他们相处，也就是CARS策略：

- 抱着共情、关注和敬重的态度与他们沟通；
- 帮他们分析选项或替代方案；
- 对他们的虚假信息和敌意做出回应；
- 对他们的高冲突行为设定界限。

参考前面的章节以获取专门的建议，但请记住要突出尊重，让高冲突人格者自己做出选择。在回应他们的敌意（或虚假信息）或设定界限时，内容简洁、信息充分、友好而坚定。你可以运用自我意识来判断你何时需要别人的支持或者咨询，使用CARS策略来与高冲突人格者打交道。

自我意识

既然你已经发展了人格识别技能，并且可以运用自我意识来识别高冲突人格者，那么你也要运用自我意识来审视一下自己，时不时地反省一下自己有没有高冲突人格的行为。

有时候，我们会觉得自己高人一等，或者突然感到愤怒，或者很想支配别人，不用紧张，这些都是正常人的特征，大家多多少少都会出现这样的情形。但是当我们已经深陷这些行为模式并且不知道自我反省时，就会存在成为高冲突人格者的风险。

定期审视自己的行为，并思考你可能要做出的改变，来帮助自己改善与他人的关系。

在经历了一场和他人的冲突后，问一问自己："我究竟做了什么会导致这样的结果？""下次我该怎么做？"

当然，你可能没有做什么引发极端反应的事情。但你总能在任何冲突中找到一些你将来可以做得更好的地方。这不是一个谴责谁对谁错的封闭性问题，而是一个关于学习和改变的开放性问题。

结语

说了这么多，我只是想告诉大家，要重视高冲突人格者的问题，因为这个问题日益严重并影响着我们生活的各个方面。希望没有吓到你，而是让你能够在生活中更自信地发现、避开或者应对高冲突人格者。最关键的是要掌握自我意识技能，正如我们已经讨论过的，你要保持自我意识，判断出自己什么时候需要支持和咨询，让你不再是一个人战斗。

尽管能毁掉你生活的高冲突人格者在人群中占比只有10%，但他们几乎影响着我们每个人的生活。通过了解这些人格问题、应对办法以及回避手段，让我们之间（也包括高冲突人格者）能够互相帮助，在做到关怀他人的同时也保好护自己。现在，就看你的了！

附录 | Appendix

高冲突人格者的 40 种可预测行为模式

由于高冲突人格者倾向于把自己所有的关系都视为敌对关系，所以一旦你发现了单一、极端的思维，强烈的、难以控制的情绪，一味地指责他人和极端的行为或威胁行为这四个主要特征，大致上你就可以预测出他们可能是高冲突人格者了，那么他们至少存在以下这 40 种可预测的行为特征（这与他们的居住地、智力水平、职业或者社会地位没有关系）。

1. 从不反省自己的行为。

2. 对自己身上的问题没有清晰的认知。

3. 不思考自己行为的原因。

4. 不改变自己的行为。

5. 不会向外寻求真正可以解决问题的方法，比如，去做心理咨询或者听取别人的真正建议。

6. 不明白自己为什么可以在短期内成功（他们最初很有魅力和说

服力），而时间一长就会失败（当现实来临时）。

7. 如果有人让他们做出改变，他们会极力为自己辩护。

8. 他们声称在当时的情况下，自己的行为是正确且必要的。

9. 尽管他们说的话可能是对的，但是会让人感觉缺乏共情能力。

10. 热衷于吸引别人的注意力。

11. 常常对过去发生的事情耿耿于怀，为自己的行为辩护并攻击他人。

12. 常常在公众面前展示很好的形象，但私下却很不堪。

13. 当别人觉得他们做得不对的时候，他们会说是对方疯了。

14. 欺负别人时，却辩解说自己这么做是为了自卫。

15. 喜欢指责别人，哪怕是为了一件无关紧要的小事。

16. 会花很多精力去指责别人，但却不肯花时间来自我反思。

17. 亲近的人或权威人士都会成为他们的指责对象。

18. 会聚焦一个指责对象，并试图控制、开除或彻底打败这个指责对象。

19. 会从财务上、名誉上、法律上、身体上等多个方面来攻击其指责对象。

20. 可能投诉或者起诉其指责对象。

21. 会不断地寻找同伙来为自己辩护或攻击他们的指责对象。

22. 如果他们的同伙不按他们的要求去做，他们就很容易翻脸。

23. 会要求他人忠诚，并要求他人按照自己的要求去做。

24. 自己并不忠诚，但总是声称自己被别人出卖。

25. 自己的秘密不告诉别人，却要求别人完全公开自己，包括机密信息。

26. 可能会为了达到自己的目的而违背别人的信任。

27. 随着时间的推移，很困惑为什么这么多人都和他们作对。

28. 会突然激怒自己的家人和好友，随后又试图修复关系。

29. 久而久之，真正的朋友变得越来越少。

30. 除非别人完全同意他们的观点，否则大多数的时候他们都不快乐。

31. 人际关系非常紧张，每段关系通常都以强烈的好感开始，最后以强烈的不满和指责结束。

32. 会对盟友抱有不切实际的过高的期望，而这种期望将不可避免地落空。

33. 会自我破坏，伤害自己的利益。

34. 他们声称要去解决问题，反而制造出更多的问题。

35. 会把他们的所作所为和想法投射到别人身上。

36. 缺乏自我约束，其实自我约束对他们是非常有利的。

37. 会冲动行事，有时会后悔，有时不会。

38. 需要别人的很多帮助，但不去回报别人。

39. 对别人的请求敷衍了事或者置之不理。

40. 会将他们周围的人分成两类——绝对的好人和绝对的坏人，由此引发许多冲突。

一般来说，人们会对这些行为的激烈程度感到震惊，但这都是可以预测的。一旦大家看到附录中列出的 40 种行为表现和高冲突人格的四种主要特征，我们就可以想办法避开那个人，或者使用这本书中介绍的 CARS 策略来管理与他们的关系。

5 Types of People Who Can Ruin Your Life: Identifying and Dealing with Narcissists, Sociopaths, and Other High-Conflict Personalities by Bill Eddy

ISBN：978-0-143-13136-6

Copyright © Bill Eddy, 2018

First published in 2018 by TarcherPerigee.

Published by arrangement with TarcherPerigee through Bardon-Chinese Media Agency.

Simplified Chinese translation copyright © 2022 by China Renmin University Press Co., Ltd.

All Rights Reserved.

本书中文简体字版由 TarcherPerigee 通过博达授权中国人民大学出版社在全球范围内独家出版发行。未经出版者书面许可，不得以任何方式抄袭、复制或节录本书中的任何部分。

版权所有，侵权必究。

北京阅想时代文化发展有限责任公司为中国人民大学出版社有限公司下属的商业新知事业部，致力于经管类优秀出版物（外版书为主）的策划及出版，主要涉及经济管理、金融、投资理财、心理学、成功励志、生活等出版领域，下设"阅想·商业""阅想·财富""阅想·新知""阅想·心理""阅想·生活"以及"阅想·人文"等多条产品线，致力于为国内商业人士提供涵盖先进、前沿的管理理念和思想的专业类图书和趋势类图书，同时也为满足商业人士的内心诉求，打造一系列提倡心理和生活健康的心理学图书和生活管理类图书。

《既爱又恨：走近边缘型人格障碍》

- 一本向公众介绍边缘人格障碍的专业书籍，从理论和实践上都进行了系统的阐述，堪称经典。
- 有助于边缘型人格障碍患者重新回归正常生活，对维护社会安全稳定、建设平安中国具有重要作用。

《我的暴脾气：易怒情绪背后的心理真相》

- 愤怒者的自救指南，有效制怒的专业书籍。
- 教我们有效避开暴脾气者的雷区。
- 犯罪心理学家李玫瑾教授、哈佛大学心理学博士岳晓东教授、专业心理咨询师成长平台糖心理一致力荐。